Bruno Gisi · Der Drucker

Bruno Gisi

DER DRUCKER

Ein Beruf
im Wandel der Zeit

AT Verlag Aarau · Stuttgart

Der AT Verlag dankt den Firmen
Koenig & Bauer AG, Würzburg,
und Mühlebach AG, Lupfig,
für die grosszügige Unterstützung
bei der Realisierung dieses Werkes

Umschlag: AT Grafik Aarau
Papier: IKONOFIX matt, feingestrichen,
hochweiss; 170 g/m^2
Gesamtherstellung: Grafische Betriebe
Aargauer Tagblatt AG, Aarau
Printed in Switzerland

ISBN 3-85502-371-9

AUS DEM INHALT

BERUFE AUF DEM WEG ZUM DRUCKERZEUGNIS

Aufgaben und ihre Berufe

Erarbeiten von Texten	Autoren Journalisten Texter
Illustrationen	Fotografen Grafiker Zeichner
Satzherstellung und Bildverarbeitung	Schriftsetzer (Typografen) Typografische Gestalter Reprofotografen
Druckvorstufe	Offsetmonteure Tiefdruckgraveure und Tiefdruckätzer
Druck	Drucker in den Fachrichtungen • Andruck • kleinformatiger Offsetdruck • Bogenoffset- und Blechdruck • Rollenoffsetdruck • Formulardruck • Tiefdruck • Siebdruck • Flexodruck
Weiterverarbeitung	Buchbinder industrieller Richtung Buchbinder handwerklicher Richtung

Zum vorliegenden Werk

Kein Tag vergeht in unserer Welt, ohne dass wir nicht etwas Gedrucktes sehen oder in den Händen halten. Befassen wir uns mit diesem Gedanken etwas intensiver, wird uns klar, welch grosse Bedeutung all den genannten Berufen zukommt.

Aus Materialien wie Papier, Karton, Kunststoff, Farben usw. erzeugt der Drucker auf teuren Maschinen Drucksachen und bedruckte Gegenstände. Ihn umgeben eine Anzahl anderer Berufe. Das Buch greift das Aufgabenfeld des Druckers heraus. Es zeigt die Entwicklungen, in deren Verlauf einst stolze Berufsbezeichnungen wie «Buch- und Steindrucker» durch neue, moderne Berufsbilder ersetzt wurden und gibt Einblick in ihre Arbeitswelt.

Menschen beiderlei Geschlechts sind heute als Drucker in einer Branche tätig, wo vom Klein- bis zum grossen Industriebetrieb jeder eine wichtige Funktion ausübt. Im Grossbetrieb mit Arbeitsteilung ist er der Spezialist, im Kleinbetrieb eher ein Allrounder, also mit übergreifenden Tätigkeiten. Die grösste Bedeutung kommt dem Offsetdruck zu. Für dieses Verfahren werden Drucker in verschiedenen Fachrichtungen ausgebildet und beschäftigt. Die Schilderung ihrer faszinierenden Berufsarbeit findet hier den gebührenden Raum. Ein Abriss über das Verfahren des Tiefdruckes und die noch jüngeren Berufsbilder der Sieb- und Flexodrucker runden das Bild ab. Das Buch vermittelt ferner einen Einblick in die Aus- und Weiterbildung und schliesst mit einem Ausblick auf die Printmedien in der Zukunft.

Es ist meinen Druckerkollegen als «Ihr Buch» gewidmet, aber auch für Nichtfachleute und vor allem interessierte Jugendliche verständlich geschrieben. Wo immer Fachwörter unumgänglich waren, finden Sie am Schluss des Buches ein Verzeichnis mit den dazugehörenden Erläuterungen.

DIE DRUCKTECHNIKEN IM ÜBERBLICK

Hochdruck (Buch- und Flexodruck)

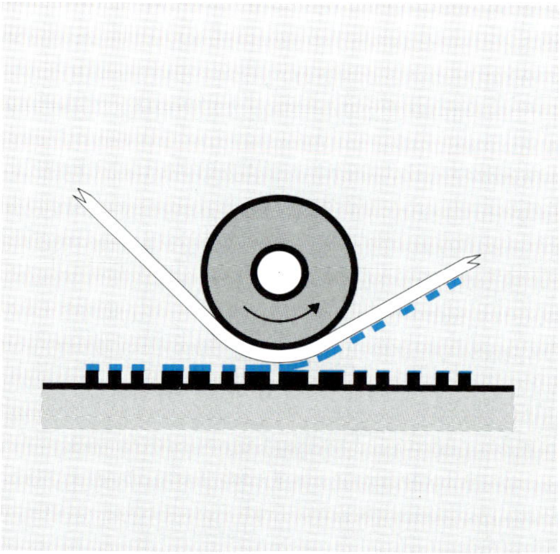

Die druckenden Elemente wie Bleibuchstaben, Metall-, Gummi- oder Kunststoffklischees sind erhöht. Diese erhabenen Stellen werden von den Farbwalzen eingefärbt und kommen während des Druckvorganges mit dem Bedruckstoff in Berührung. Unter Druckkraft erfolgt die Übertragung der Farbe. Blinddrucke wie Prägen, Rillen, Stanzen geschehen meist im Buchdruck.

Flachdruck (Offsetdruck)

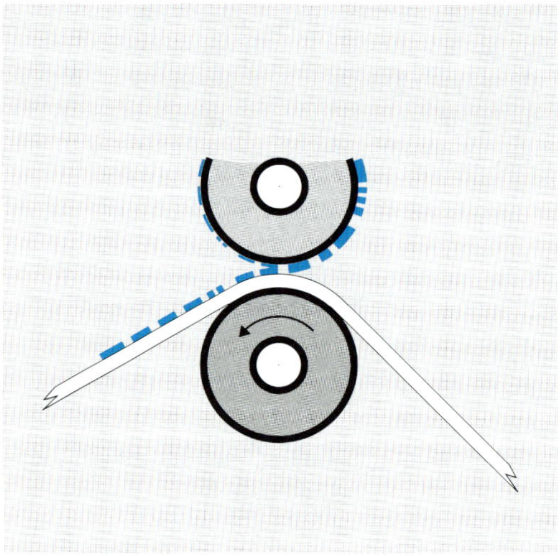

Druckende und nichtdruckende Stellen liegen auf der gleichen Ebene. Über die Druckplatte rollen wasserführende Feuchtwalzen und hinterher einfärbende Farbwalzen. Die nichtdruckenden Teile der Platte nehmen Wasser an, die druckenden dagegen nur Farbe. Unter Druck wird diese auf das Gummituch und von dort auf den Bedruckstoff übertragen. Vorläufer des Offsetdrucks ist der Steindruck.

Tiefdruck

Die druckenden Elemente sind auf einen Zylinder geätzt oder graviert. In den winzig kleinen Näpfchen liegt die flüssige Druckfarbe. Beim Druckvorgang erfolgt die Übertragung der Farbe aus den Vertiefungen auf Papier-, Karton- oder Kunststoffoberflächen. Im manuellen Tiefdruck – künstlerischen Zwecken vorbehalten – ist die Druckform flach.

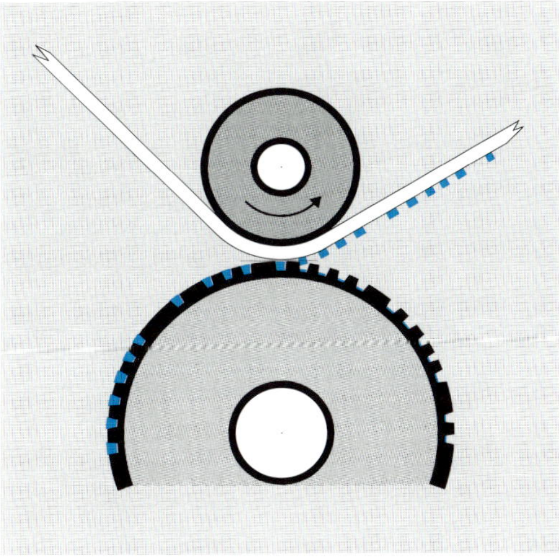

Siebdruck (Durchdruck)

Die Druckschablone besteht aus einem feinen Sieb mit dichten und farbdurchlässigen Stellen. Sie wird auf das zu bedruckende Material oder den Gegenstand gelegt, und mit einem Gummirakel wird Farbe über das Sieb gezogen, wobei diese an den durchlässigen Stellen auf den Druckträger gelangt.

In diesen vier Drucktechniken werden heute mehrere Lehrberufe angeboten. Im Offsetdruck allein deren sechs, nämlich Andrucker, Kleinoffset-, Bogenoffset- und Blechdrucker, Rollenoffset- und Formulardrucker. Zahlreiche Drucksachen entstehen im Zusammenwirken mehrerer Druckverfahren.

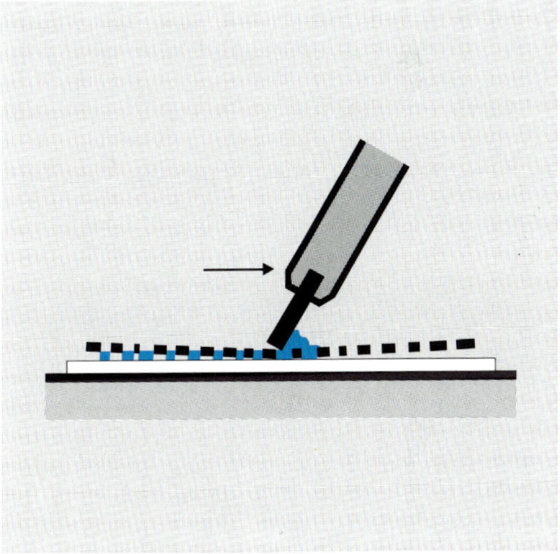

DIE FORMUNG DER BERUFSBILDER DURCH ENTWICKLUNGEN IM MASCHINENBAU

Die Fortschritte im Druckmaschinenbau lassen sich im nachhinein fast als Schrittmacher und Gradmesser der gesamten übrigen technischen Entwicklung im Maschinenbau bezeichnen. Sie prägten und wandelten bis heute die Berufsbilder der Drucker.

Der Buchdruck als ältestes Druckverfahren verfügt über die längste Geschichte im Maschinenbau. Es war naheliegend, dass sich die Erfinder und Konstrukteure von Maschinen für andere Druckverfahren zunächst an den bestehenden Buchdruckmaschinen orientierten. Mit der Erfindung der Elektrizität – der Stromerzeugung und -verteilung – war die Entwicklung im weiteren stets eng verbunden.

Erst die Kenntnisse der geschichtlichen Entwicklung schärfen den Blick für die Erscheinungen unserer Zeit.

Nach der Handpresse drei weitere Drucksysteme für den Buchdruck

Die Herstellung der Schriftform mit Einzelbuchstaben durch das Setzen und das nachfolgende Drucken geschah bisher meist in Personalunion. Die schrittweise Trennung der handwerklichen Tätigkeiten «Setzen und Drucken» begann Mitte des 19. Jahrhunderts.

Es war dies ein erster wesentlicher Schritt zur Rationalisierung und Qualitätsverbesserung. Die Konstruktion neuer Druckmaschinen ebnete den Weg dazu. Sie forderte immer mehr das ganze Können und die Konzentration eines Menschen. Daraus entwickelte sich zunächst der Beruf des Buchdrukkers, des Buchdruckmaschinenmeisters – kurz Drucker genannt. Ihm vertraute man das Bedienen und Führen von Maschinen der folgenden Bauarten an:

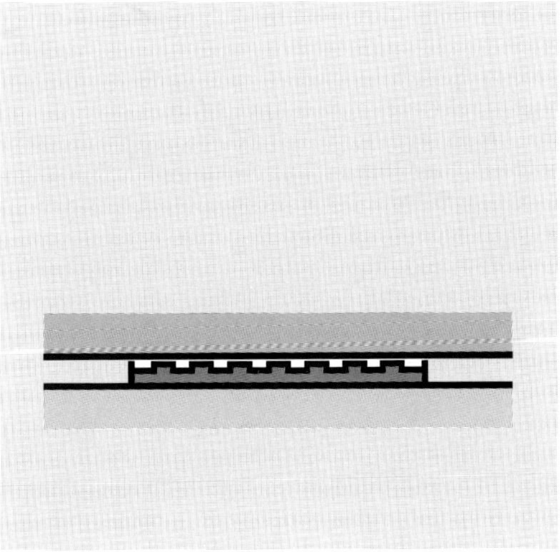

Handpresse

Flacher Druckkörper und flacher Formenträger in horizontaler Anordnung.

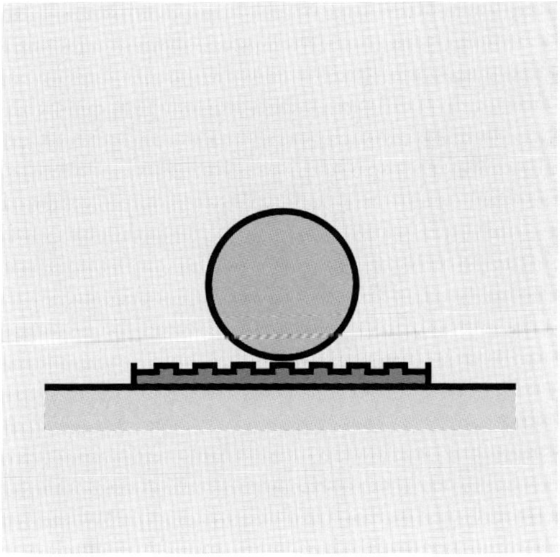

Zylinderpresse (Schnellpresse)

Zylindrischer Druckkörper und flacher, horizontal liegender Formenträger.

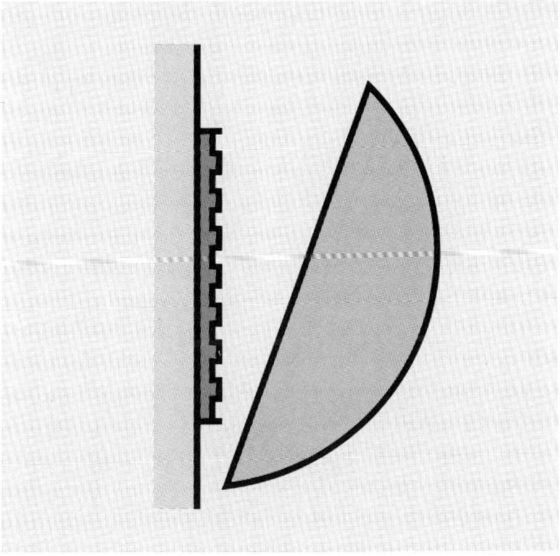

Tiegeldruckpresse

Flacher Druckkörper und flacher Formenträger in vertikaler Anordnung.

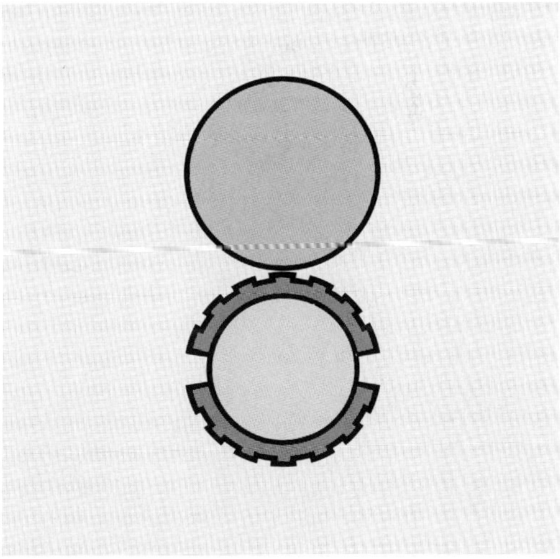

Rotationsmaschine

Zylindrischer Druckkörper mit ebensolchem Formenträger.

Die Handpresse

Die erste hölzerne Handpresse von Johannes Gutenberg um ca. 1450 war in ihrer Ausführung offensichtlich sehr perfekt. Nur so lässt es sich erklären, dass sie in unveränderter Form mehr als zwei Jahrhunderte überdauerte. Eine nennenswerte Verbesserung innerhalb der gleichen Pressenkonstruktion war der spätere Wechsel auf Metall- und Leichtbauweise. Die Ablösung des Druckmomentes von der Spindel auf den Kniehebel bewirkte eine erste markante Leistungssteigerung.

Die Tiegeldruckpresse

Im Gegensatz zur einfachen Handpresse, die bis gegen Ende des 19. Jahrhunderts im praktischen Einsatz stand, war das Drucken auf dem Tiegeldrucksystem einfacher und handlicher. Quantitative Leistung und Qualität liessen sich weiter merklich verbessern. Am Konstruktionsprinzip des von Hand bedienbaren Modells hat sich, von einigen Modifikationen abgesehen, seit der Erfindung wenig verändert. Stufenweise wurde aber ein weiterer Typ Tiegeldruckmaschine automatisiert, ange-

fangen bei der Formeneinfärbung über die Bogeneinlage bis zur Auslage. Durch diese beachtlichen Verbesserungen erreichte man erstmals auch Personaleinsparungen. Dem Drucker bot sich nämlich nun die Möglichkeit, gleichzeitig zwei Maschinen zu bedienen.

Die Anforderungen an den Drucker verlagerten sich zunehmend auf Maschinenkenntnisse, auf solche der eingesetzten Materialien, auf das Geschick beim Einrichten und Bedienen während des Fortdrucks, auf die Fehler- und Unfallvermeidung und vor allem auf Überwachungsfunktionen der laufenden Maschine.

Die Schnellpresse

«Genial war sie, und sie wird ewig in die Geschichte eingehen!» – Gemeint ist die Erfindung der Schnellpresse von Friedrich König und Andreas Bauer wenige Jahre nach dem Anbruch des 19. Jahrhunderts. Bis zu diesem Zeitpunkt war das Drucken oder Pressen ein Vorgang, der flach auf flach und

Bild links: Hölzerne Handpresse aus dem 15. Jahrhundert, auch Gutenberg-Presse genannt. Die Leistung je Stunde betrug 50 bis 100 Drucke.

Eiserne Handpresse aus dem 17. Jahrhundert. Die Betätigung eines Kniehebels anstelle der Spindel bewirkte das Druckmoment und erhöhte die Leistung um ein Mehrfaches.

mit Muskelkraft erfolgte. Offenbar getraute sich vor Friedrich König niemand, auch nur gedanklich von dieser starren Vorstellung abzuweichen.

Das neue System der Schnellpresse im Rund-Flach-Prinzip gestattete erstmals das Drucken in Serie und damit in grösserer Zahl je Zeiteinheit. Zudem erlaubte es den Druck von grösseren Bogen und bewältigte den Flächen- und Bilderdruck mühelos. Für die Bedienung aber verlangte das System eine fachgerechte Handhabung und stellte ganz neue Ansprüche an die Drucker. Der Doppelberuf Setzer und Drucker wurde nun mehr und mehr fragwürdig, die Zeit des universellen grafischen Handwerkers – des Schweizerdegens – neigte sich damit dem Ende zu. In Einzelfällen, vor allem im Einmann- oder Kleinbetrieb und hauptsächlich für Tiegeldruckmaschinen, gab es ihn aber noch lange.

Um die von den Schnellpressen gebotenen Möglichkeiten voll auszuschöpfen, brauchte es fortan den umfassend ausgebildeten und routinierten Maschinenführer, den eigentlichen Berufsmann. Die grösseren Bogenformate, der Illustrationsdruck und die sprunghafte Steigerung der Stückzahl je Stunde stellten neue, bisher unbekannte Forderungen an das Bedienungspersonal. Widerstände gegen solche Fortschritte sind aktenkundig. Erst eine neue Generation von Druckern akzeptierte die damals schlagartig verbesserte Technik, die die Druckkosten stark senkte und grössere Auflagen ermöglichte.

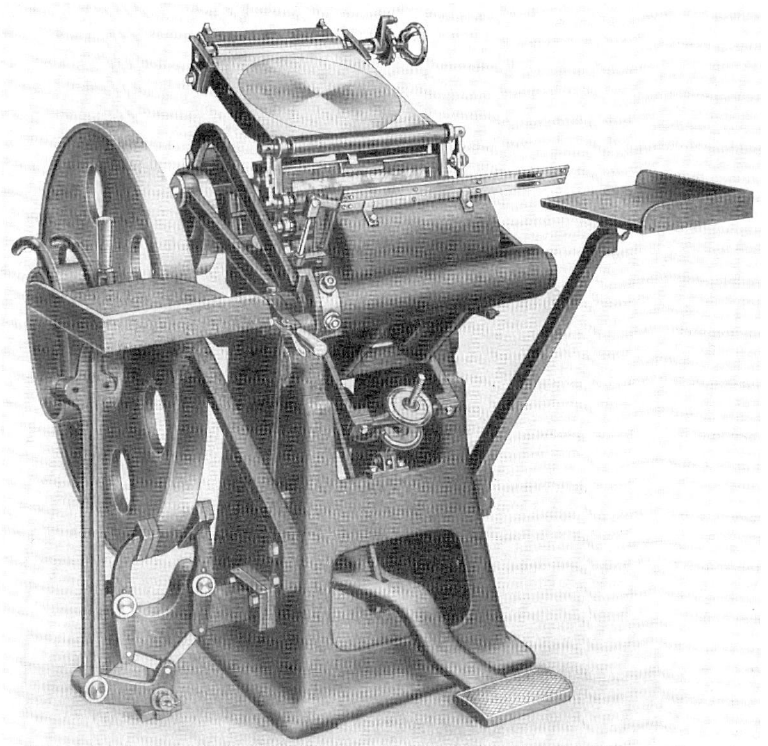

Handtiegel. Die Einfärbung erfolgte bei den zuerst gebauten Modellen mit Hilfe eines Tellerfarbwerks.

Im Laufe der Zeit entstanden neue Schnellpressenmodelle. So die Stoppzylinder-, die Ein- und die Zweitourenmaschine. Jedes Modell hatte seine Eigenheiten bezüglich der Bedienung.

Die Rotationsdruckmaschine

Mit der Einführung der Schulpflicht lernte das Volk in bisher unbekanntem Ausmass lesen. Damit steigerte sich die Nachfrage nach gedruckter Information. Das Radio kannte man noch lange nicht. Um das Bedürfnis nach Informationsverbreitung besser abzudekken, genügte damals die Schnellpresse. Sie gilt als eine wichtige Teilerfindung des späteren rotativen Drucks. Die Möglichkeit, Papier in Rollen zu produzieren, verfeinerte Ingenieurkunst sowie Weiterentwicklungen im Maschinenbau führten in der 2. Hälfte des 19. Jahrhunderts zur Konstruktion der ersten Rotationsdruckmaschine.

Um den Druck rund auf rund zu ermöglichen, musste man für Buchdruck-Rotationsmaschinen den Satz in halbrunde Formen, sogenannte Stereoplatten, giessen. Diese bestanden aus einer Metallegierung, vorwiegend aus Blei und Antimon. Seit Anfang der 70er Jahre dieses Jahrhunderts druckt man aber auf den wenigen noch bestehenden Maschinen nur noch mit flexiblen Kunststoff-Wickelplatten. Mit ihnen wurde es möglich, den bis anhin dem Offsetdruck vorbehaltenen Fotosatz auch im Hochdruck zu nutzen. Als

Tiegelautomat. Mit seiner Erfindung bekam der Drucker ein vollautomatisches Drucksystem. Alle Wiederholungen wie Bogenein- und -auslage, Einfärbung und Druckvorgang führte die Maschine selbständig aus. Die Tätigkeit des Druckers bestand fortan im exakten Einstellen, Einrichten und Überwachen des Fortdrucks. Leistung je Stunde bis 5000 Blatt.

Zylindrischer Druckkörper, Kernstück der Schnellpresse: Erfindung von Koenig & Bauer.

Original Heidelberger Zylinderautomat. Moderne Buchdruckmaschine, aufbauend auf dem Prinzip der Eintouren-Schnellpresse. Wesentliches Merkmal: Einhebelzentralsteuerung auf rein mechanischer Basis. Leistung je Stunde bis 4000 Bogen.

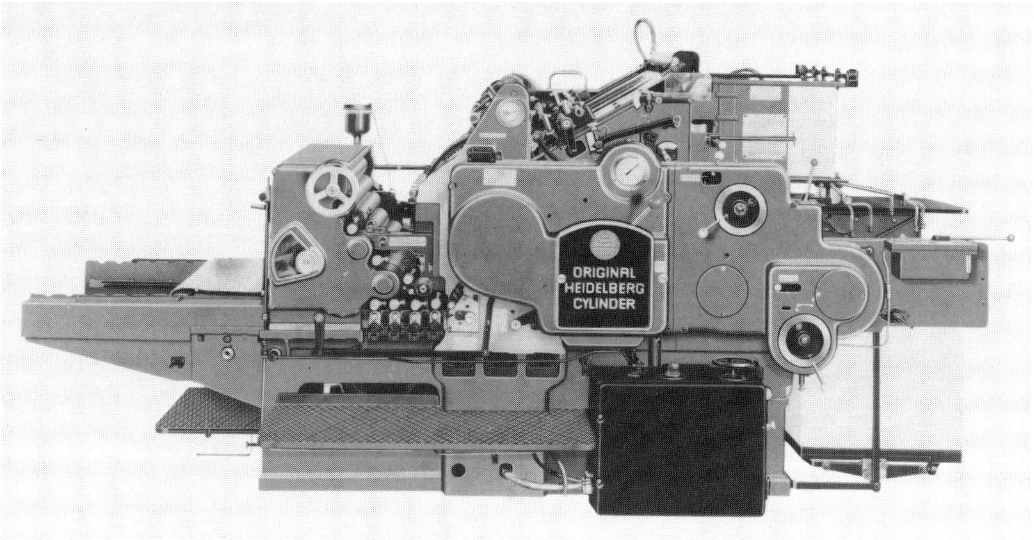

Neuerung zur herkömmlichen Buchdruck-Rotationsmaschine machen in jüngster Zeit Druckmaschinen mit dem Kurzfarbwerk «Anilox» von sich reden. Mit dem Anilox-Farbwerk werden die Vorteile des Flexodrucks und des Hoch- oder Offsetdrucks auf einen Nenner gebracht.

Nach Stagnationen in der technischen Entwicklung besonders während Krisen oder Kriegsjahren und bei Arbeitskonflikten wurden auch in der grafischen Branche oft sprunghaft alle sich bietenden Verbesserungen bei Druckmaschinen in die Tat umgesetzt. Im Rotationsmaschinenbau beispielsweise der automatische Rollenwechsel, das Schnellsystem für die Plattenmontage, die Bahnkantensteuerung, die elektronische Überwachung der Farbführung und ausgeklügelte Falzsysteme.

Hochdruck-Rotationsmaschine aus dem 19. Jahrhundert.

Hochdruckrotations-Zeitungsmaschine. Eines der für den klassischen Hochdruck zuletzt gebauten Modelle. Die Bedienung derartiger Anlagen erfolgt nicht mehr durch den einzelnen Drucker, sondern vom eingespielten Team.

Maschinenbauliche Entwicklungen im Flachdruckverfahren

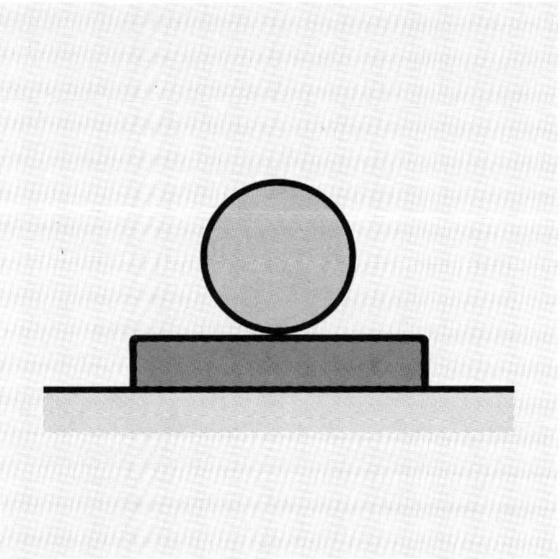

Steindruck

Direkter Flachdruck ab Stein. Druckprinzip der Schnellpresse.

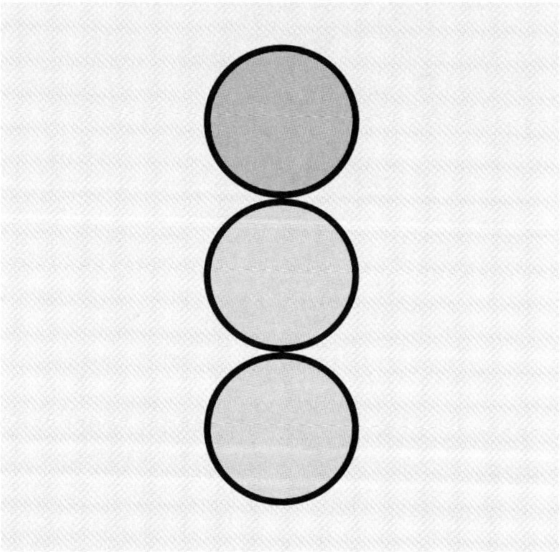

Offsetdruck

Indirekter Flachdruck mit den 3 Zylindern für Platte, Gummituch und Gegendruck.

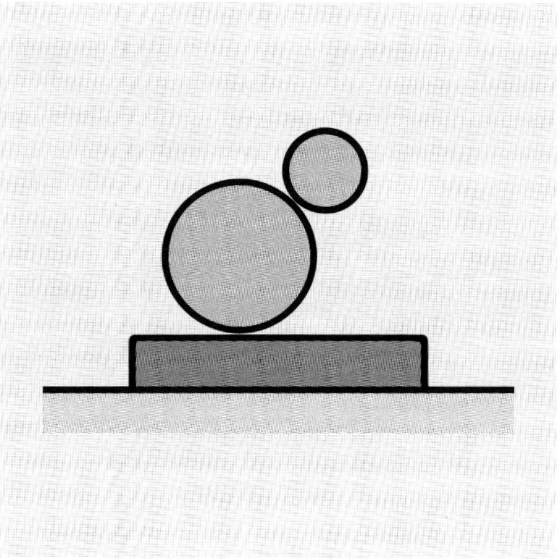

Flachoffset

Indirekter Flachdruck ab Stein oder Zinkplatten.

Der unhandliche Stein wurde durch eine Zinkplatte ersetzt oder mit einer solchen überspannt und derselben die Funktion der Druckform übertragen.

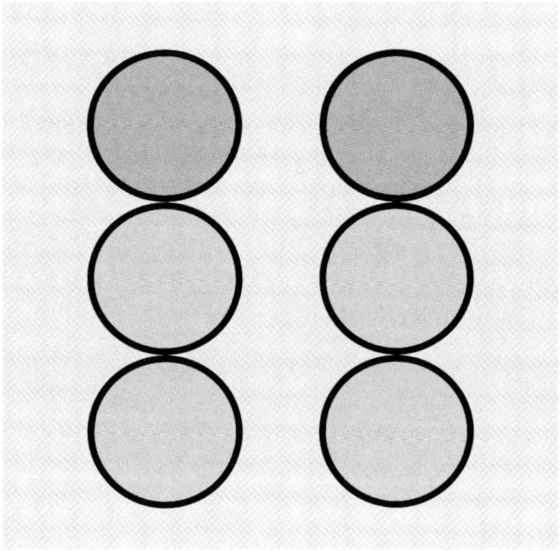

Nass-in-Nass- oder Mehrfarben-Offsetdruck

Indirekter Flachdruck mit zwei und mehreren Druckwerken, in Reihen- oder Satellitenbauweise.

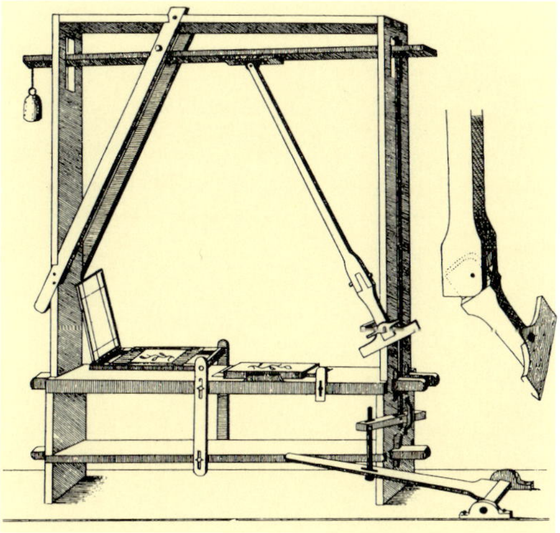

Galgen- oder Stangenpresse.

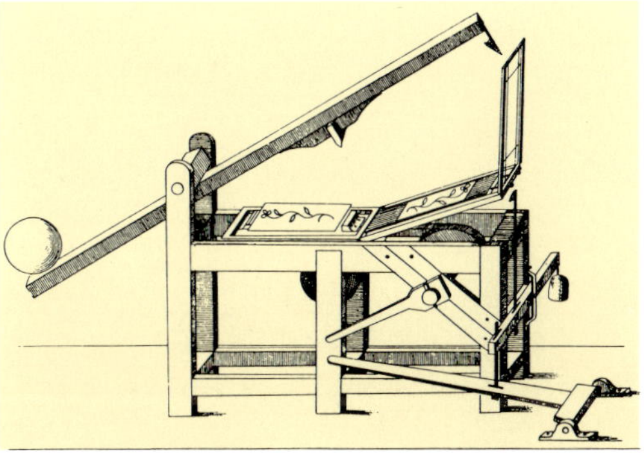

Roll- oder Walzenpresse. Erste Steindruckpresse von Alois Senefelder.

Von der Steindruckpresse über die Bogen- zur Rollenoffsetmaschine

Seine ersten Druckversuche soll Alois Senefelder, Erfinder des Steindrucks, auf einer kleinen Kupferdruckmaschine unternommen haben. Nach der gelungenen Erfindung hat er sich zeit seines Lebens mit Verbesserungen der Steindruckmaschine befasst.

Bis Mitte des 19. Jahrhunderts waren Steindruckpressen in der hier gezeigten Art in Gebrauch. Danach wurden sie ersetzt durch Eisenkonstruktionen und später durch Vorläufer der inzwischen bekannten Buchdruck-Schnellpressen. Während zwei ständig im Einsatz stehende Drucker auf einer Roll- oder Walzenpresse täglich 1200 bis 1500 Drucke bewältigten, brachte die Steindruck-Schnellpresse eine stündliche Leistung von ca. 800 Drucken. Es lag weniger an der Druckmaschine als vielmehr an den Steinen selbst, dass diese Technik nie den erhofften Durchbruch erzielte. Lithografie (gr.

Lithografie-Handpresse vom Anfang des 19. Jahrhunderts. Vorfeuchten und Einfärben des Steins erfolgen manuell.

Offsetdruckmaschine «Roland», Jahrgang 1912.

Offsetdruckmaschine, Jahrgang 1928. Eines der ersten Modelle dieser Bauart mit automatischer Bogenein- und -auslegervorrichtung für den Druck von grossen Formaten.

litho, auf deutsch Stein), wie Steindruck auch genannt wird, ist eine Technik, die viel Aufwand erfordert. Sie wird noch heute in zahlreichen Künstlerateliers im In- und Ausland rege angewandt.

Durch den Deutschen Kaspar Hermann kam 1904 Ira W. Rubels Idee des Offsetdrucks von Amerika nach Europa. Die Konstrukteure der deutschen Maschinenfabrik Faber und Schleicher, Vorläufer der heutigen Druckmaschinenfabrik MAN Roland, übertrugen das Gedankengut in funktionsfähige Maschinen, in Modelle mit drei gleich grossen Zylindern. Faber und

Heidelberger Offsetdruckmaschine KORD, Baujahr 1962. Eindrücklicher Übergang vom Buch- zum Offsetdruck. Diese Maschine hat vielen Buchdruckern den Einstieg in das Offsetverfahren erleichtert.

Vierfarben-Offsetmaschine aus jüngster Zeit. Stundenleistung ca. 10 000 Drucke. Der Ausbau auf vier und mehr Druckwerke ging Hand in Hand mit der Ausbreitung der Farbfotografie und des Farbfernsehens.

**Mehrfarben-Rollenoffset-Druckmaschine der Gegenwart.
Mit dem Bau solcher Anlagen erreichen die Konstrukteure höchste Perfektion.
Stundenleistung: ca. 50 000 Zylinderumdrehungen.**

Schleicher bauten schon seit längerer Zeit Steindruckpressen.

Die technischen Entwicklungen der Folgezeit brachten gravierende Änderungen im Berufsbild des Bogenoffsetdruckers mit dem Bau von Zwei- und Vierfarben-Offsetmaschinen, später, in den 70er und 80er Jahren, durch Maschinen mit 5 oder 6 Druckwerken und zugeschalteter Inline-Lackierung. Im Akzidenz-Rollenoffset sind Maschinen mit fünf oder mehr Doppeldruckwerken für den gleichzeitigen Schön- und Widerdruck die Regel, und im Zeitungsdruck zählen wir oft noch mehr. Mit der Zahl der Druckwerke stieg die Verantwortung des Bedienungspersonals. Es wuchs die Gefahr, in immer kürzerer Zeit grössere Mengen Ausschuss zu produzieren, wie auch das

Risiko von Fehlentscheiden mit ernsteren Konsequenzen.

Die grossen Investitionskosten solcher Anlagen verlangten ganz allgemein die Reduktion der Stillstandszeiten auf ein Minimum. Umfangreiche Erleichterungen beim Einrichten und Überwachungshilfen beim Fortdruck wurden dieser Forderung gerecht. Die Tätigkeit des Rollenoffsetdruckers hat sich inzwischen immer mehr von der Maschine weg zum zentralen Kommandopult verlagert.

Die fast vollständige Ablösung des Akzidenzbuchdrucks durch den Offsetdruck bei gleichzeitig starkem Wachstum des Bedarfs an Drucksachen führte zu einer massiven Ausweitung im kleinformatigen Bereich. Daraus entwickelte sich das Berufsbild des Kleinoffsetdruckers, dann verbunden mit dem Aufschwung der Computertechnik dasjenige des Formulardrukkers und mit der Spezialisierung im Bereich der Metallverpackung schon früher jenes des Blechdruckers. Die vielfältigen Druckprobleme in Fotolitho-Betrieben löst der Andrucker.

Die Beispiele zeigen deutlich, wie neben technischen Fortschritten im Druckmaschinenbau neue Marktbedürfnisse bestehende Berufe wandelten und auch neue schufen. Dies muss selbst heute als eine nicht abgeschlossene Entwicklung betrachtet werden.

Erste «Tiefdruckmaschine». Handdruckpresse, eingesetzt für den Abdruck von geätzten oder gestochenen Tiefdruckplatten.

Von der Handarbeit zur High-Tech im Tiefdruck

Die ersten Handpressen für das Drukken gestochener oder geätzter Kupferplatten benützte man zu Beginn des 16. Jahrhunderts. Während Jahrzehnten galten sie als einzige «Tiefdruckmaschinen», und noch heute sieht man sie in den Ateliers von Künstlern manueller Drucktechniken.

Hauptbestandteile sind das markante, sternförmige Antriebsrad, ein Tisch als Plattenträger und die Druckwalze. Die präparierte Kupferdruckplatte wird eingefärbt und gleich anschliessend auf der Oberfläche mit appretiertem Stoffgewebe (Stramin), Seidenpapier und den Handballen auf Niveauhöhe gereinigt. In den Vertiefungen bleibt die Farbe zurück. Dann wird das weiche Kupferdruckpapier auf die Platte gelegt, mit Filztüchern und Kartonunterlagen gepolstert und unter der Stahlwalze durchgepresst. Dabei erfolgt die Farbübertragung aufs Papier.

Nach den Ideen von Paul August Ringier baute die Maschinenfabrik Albert Frankenthal 1914 die erste Tiefdruck-Rotationsmaschine. Auf zwei wichtige technische Grundlagen konnten sich die Pioniere beim Bau dieser Maschine abstützen, nämlich

– auf die zu diesem Zeitpunkt bereits bestehenden leistungsfähigen Buchdruck-Rotationsmaschinen

Erste Tiefdruck-Rotationsmaschine. Premiere an der Schweizerischen Landesausstellung 1914.

Hochleistungs-Tiefdruck-Rotationsmaschine aus neuester Zeit. Die Maschine dient für den Druck von Zeitschriften und Prospekten in Massenauflagen.

– auf die Tatsache, dass die fotomechanische Bild- und Textübertragung auf Kupferzylinder und das nachherige Tiefätzen bereits möglich waren.

Mit der Inbetriebnahme dieser ersten Tiefdruck-Rotationsmaschine begann auch die Entwicklung des Berufsbildes für den Tiefdrucker und parallel dazu jenes des Tiefdruckätzers.

In keinem anderen Druckverfahren hat sich die Technik im Maschinenbau und in der Druckformherstellung ähnlich schnell entwickelt und verfeinert. Tiefdruckmaschinen zeigten schon bald Höchstleistungen, waren ausgerüstet mit allerlei Raffinessen punkto Bedienung und Fortdrucküberwachung und genossen bei den Fachleuten anderer Druckverfahren den Ruf als technische Wunderwerke.

Tiefdruck ist gleichbedeutend mit grossen Rotationsmaschinen. Bei Bahngeschwindigkeiten von 12 und mehr Metern je Sekunde berührt das Papier für die Übertragung der Druckfarbe den Zylinder etwa während einer Tausendstelsekunde. Um ein einwandfreies Druckresultat zu erzielen, benötigt der Drucker Kenntnisse über physikalische und chemische Einflüsse und die gesamte Maschinentechnologie.

DER BUCHDRUCKER

Es begann vor mehr als 500 Jahren

Bis zur Verbreitung des Buchdrucks waren Bücher äusserst rar und nur einem auserlesenen Kreis von Menschen zugänglich, zum Beispiel in Fürstenhäusern und Klöstern. Insbesondere waren es Bibeln, Psalter und Stundenbücher, also meist Werke geistlichen Inhalts. Oft bildete die Niederschrift und Gestaltung eines einzigen Buches bis zu dessen Vollendung das Lebenswerk eines Mönches. Schon vor der Erfindung der Buchdruckerkunst gab es Versuche, Bücher in mehreren Exemplaren gleichzeitig zu fertigen, was in Schreiberwerkstätten mittels Arbeitsteilung handschriftlich geschah. Von den Römern weiss man, dass sie schreibgewandte Sklaven zwangen, Bücher zu duplizieren. In dem von Johannes Gutenberg erfundenen Verfahren liegt die eigentliche Wurzel der Informationsvervielfachung. Erklärtes Ziel von Gutenberg war es nämlich, das mühsame Abschreiben durch ein «künstliches Schreiben» abzulösen und damit geistiges Wissen allgemein zugänglich zu machen.

Gutenberg, der erste Buckdrucker

Man weiss wenig über ihn. Als Johannes Gensfleisch wurde er um ca. 1396 in Mainz geboren. Sein Vater legte sich später, aus welchen Gründen auch immer, den Namen Gutenberg zu. Im Laufe der Geschichte hat sich folgende Mischung aus Überlieferung, Vermutungen und Indizien zur plausiblen Legende verdichtet:

Beim Spielen mit Formen im Sand soll der verträumte Knabe nach und nach die Idee des dreidimensional gegossenen Buchstabens entwickelt haben. Es war keine Zufallsentdeckung. Von den «gegossenen» Sandfiguren bis zum mobilen Einzelbuchstaben aus Metall war ein langer Weg und dazu ein noch weiterer Umweg über verschiedene Versuche mit aus Holz geschnittenen, aneinanderreihbaren Buchstaben zurückzulegen. Ganze Holztafeln kannte man schon. Sie dienten fortan zur Wiedergabe von Zeich-

Ausschnitt eines handgeschriebenen Buches.

vß der hülen kam Da
vmb ving die liebe ma
ria ein groß schön lieht
das gliche sich der
sunnen schin die von
dem himel koment von
dem himel kam ouch
dar ein grosse schar
der engel das det zü
dem kinde vnd dem kü
nige zü dienst Vff die
naht wart ouch gebo
ren vnser herre got
den got hette erkoren
zü einem sün von der
reinen maget maria
die liebe maget maria
bleip ouch küsch luter
vnd rein Vnd wart
von der gebürt nie ge
stercket Die engel ent
pfingent das kint vnd
begingent vil froide
mit ime vnd sungent
gar wol mit himel
schen zungen Vnd ist
geboren vnser herre
des hat ere der vatter
von himelrich der sol
die welt erlösen von
iren noten Die helle sol
ouch von ime zerbroche
werden Vnd söllent
dar uß genomen wer
den alle die in noten
sint

xxxvij

Also ioseph das kindelin
entpfing zum ersten
von marien

Do nü ioseph kam
uß der stat mit
zwey hebeamen
noch den er ge
gangen was Do sach
er gar einen liehten
schin mit dem sprach
maria kum her lieber
joseph sich an das lie
be kint Also er nü das
kint ersach Do sprach
er mit grossen stimen
vnd froiden zü ime
nü wol mir der lieben
zit das ich minen schö
pfer vnd herren gese
hen han vnd ging mit
disen worten frölich

nungen. In umliegenden Klöstern hatte Gutenberg Gelegenheit, schöne handgeschriebene Bücher zu sehen und wohl auch Mönche bei der Arbeit zu beobachten. Er kannte die Holztafeln der Spielkartenmacher und als Metallhandwerker die Buchstabenformen der Glockengiesser. So reifte schliesslich in ihm die Idee, Buchstaben einzeln aus hartem Metall zu giessen.

Eine erste wichtige Voraussetzung waren präzise Gussformen für die unumgängliche Höhengenauigkeit der einzelnen Buchstaben. Nach dem Vorbild der Wein- oder Ölpresse, wie sie damals auch die Papierschöpfer zur Papierbogenpressung brauchten, liess sich Gutenberg die erste hölzerne Druckpresse bauen. Für die Erzielung der gleichmässigen Druckverteilung über die ganze Satzfläche war hier besonders hohe Präzision nötig. Ferner mussten die erste Druckfarbe und die erforderlichen Werkzeuge zum Einfärben des Satzes erfunden werden. Mit sogenannten Punkturen erreichte schon Gutenberg auf seiner Presse einen registergenauen Bogenanschlag – die Anlage –, die auch noch heute für die Buchherstellung unentbehrlich ist.

Gutenbergs erstes nachgewiesenes Werk erschien im Jahre 1447. Es war ein Kalender für das darauffolgende Jahr. Die grösste Tat stellt die weltberühmte «42zeilige Bibel» dar. Sie entstand zwischen 1452 und 1456. Nach mehr als vierjähriger härtester Arbeit waren 640 Einzelblätter – oder 1280 Seiten – für 200 Bibeln gedruckt, 30 Exemplare davon auf Pergament, wofür man die Häute von rund 10 000 Kälbern benötigte. Im ungebundenen Zustand verliessen die gedruckten Bogen Gutenbergs Druckerei. Käufer und Benützer, meist Klöster oder Patrizierhäuser, schmückten diese später in der vielfältigsten Art mit Ornamenten, Initialen sowie weiteren Verzierungen und banden sie zu Bibeln. Jedes Exemplar war ein Unikat. Vor wenigen Jahren wurde eines der schönsten Exemplare in der Schweiz faksimiliert.

Im Zusammenhang mit Gutenbergs Bibel werden immer wieder die Namen Peter Schöffer und Johannes Fust ge-

Gutenberg-Bibel.

Seite aus der 42zeiligen Bibel Gutenbergs, Mainz 1455. Die gedruckte Schrift ist der handgeschriebenen sehr ähnlich.

PARABOLE SALOMONIS

Incipit prologus sancti Iheronimi prsbiteri in parabolas salomonis.

Iungat epistola quos iūgit sacerdotium: immo carta non diuidat: quos xp̄i nectit amor. Cōmētarios in osee. amos. ⁊ zachariā malachiā. quoq; poscitis. Scripsissē: si licuisset pre valitudine. Mittitis solacia sumptuum. notarios nr̄os et librarios sustentatis: ut vobis potissimū nr̄m desudet ingeniū. Et ecce ex latere frequēs turba diuersa poscentiū: quasi aut equū sit me vobis esurientibꝫ aliis laborare: aut in ratione dati et accepti. cuiq; preter vos obnoxi⁹ sim. Itaq; lōga egrotatione fractus. ne penitus hoc anno reticerē. ⁊ apud vos mutus essem. tridui opus nomini vr̄o consecraui. interp̄tationē videlicet triū salomonis voluminū: masloth qđ hebrei parabolas. vulgata editio prouerbia vocat: coeleth. quē grece ecclesiasten. latine cōcionatorē possum⁹ dicere: sirasirim. qđ ī linguā nr̄am vertit̄ canticū cāticoꝝ. Fertur et panarettos. ihū filii sirach liber: ⁊ ali⁹ pseudographus. qui sapientia salomonis inscribit̄. Quoꝝ priorē hebraicum reperi. nō ecclesiasticū ut apud latinos: sed parabolas p̄notatū. Cui iūcti erāt ecclesiastes. et canticū canticoꝝ: ut similitudinē salomonis. nō solū numero librorū: sed etiā materiaꝝ genere coequaret. Secūdus apud hebreos nusq; est: quia et ipse stilus grecam eloquētiā redolet: et nōnulli scriptoꝝ veterū hūc esse iudei filonis affirmāt. Sicud ergo iudith ⁊ thobie ⁊ machabeoꝝ libros. legit quidē eos ecclesia. sed inter canonicas scripturas nō recipit: sic ⁊ hec duo volumina legat ad edificationē plebis: nō ad auctoritatem ecclesiasticoꝝ dogmatū cōfirmandam. Si cui sane septuaginta interpretum magis editio placet: habet eā a nobis olim emēdatā. Neq; enī noua sic cudim⁹: ut vetera destruam⁹. Et tamē cū diligētissime legerit. sciat magis nr̄a scripta intelligi: que nō in terciū vas transfusa coacuerit: sed statim de prelo purissime cōmēdata teste: suū saporē seruauerit. Incipiūt parabole salomonis.

Parabole salomonis filii dauid regis isrl: ad sciendā sapientiam ⁊ disciplinā: ad intelligendā verba prudentie et suscipiendā eruditationē doctrine: iusticiā et iudiciū ⁊ equitatē: ut detur paruulis astutia: et adolescenti sciencia et intellectus. Audiēs sapiēs sapiētior erit: ⁊ intelligēs gubernacula possidebit. Animaduertet parabolam et interpretationem: verba sapientū ⁊ enigmata eoꝝ. Timor dn̄i pricipiū sapiētie. Sapientiam atq; doctrinam stulti despiciūt. Audi fili mi disciplinā pr̄is tui et ne dimittas legem mr̄is tue: ut addatur gracia capiti tuo: ⁊ torques collo tuo. Fili mi si te lactauerint peccōres: ne acquiescas eis. Si dixerit venī nobiscū. insidiemur sāguini. abscōdam⁹ tendiculas cōtra insontem frustra. degluciamus eū sicud infernus viuentē ⁊ integrum. quasi descēdentē in lacū: omnē p̄ciosā sbstanciā reperiem⁹. implebim⁹ domus nr̄as spoliis. sortem mitte nobiscum. marsupiū sit unum omniū nr̄m: fili mi ne ambules cū eis. Prohibe pedem tuū a semitis eoꝝ. Pedes enī illoꝝ ad malū currūt: ⁊ festināt ut effundant sāguinem. Frustra autem iacit̄ rete ante oculos pēnatoꝝ. Ipi q; contra sanguinē suū insidiantur: et

nannt. Letzterer war der Geldgeber für das ausserordentlich teure Projekt. Nach Streitigkeiten mit Fust verlor Gutenberg Hab und Gut. Arm und in kümmerlichen Verhältnissen starb er 1468. Die Grösse und Bedeutung seiner Erfindung wurde jedoch erst Jahrzehnte nach seinem Tod wirklich erkannt und geschätzt und erst Jahrhunderte später weiterentwickelt.

Drucken auf Handpressen

Wie die Herstellung des Satzes mit Einzelbuchstaben zu ganzen Seiten war auch das Drucken eine rein manuelle Stückarbeit, die im Zweierteam erfolgte und sich aus folgenden Einzelschritten zusammensetzte:

1. Einfärben der Schriftform mit Farbballen (Aufgabe des Ballenmeisters)
2. Standgenaues Auflegen des Papierbogens auf die Druckform
3. Rückseitiges Abdecken des Papierbogens mit einer weichen Zwischenlage (Aufzug)
4. Einschieben der Satzform und Pressen mit dem Druckkörper, anfänglich mit der Drehspindel, später mit dem Kniehebel
5. Druckentlastung, Form herausziehen und Aufzug entfernen

Drucker beim Arbeiten auf Handpressen. Stich von Matthäus Merian, 1642: «Blick in eine Buchdruckerei».

6. Bedruckten Bogen vom Satz sorgfältig abheben, prüfen und weglegen

Für jeden einzelnen Papierbogen wiederholte sich dieser Vorgang. Das Einfärben der Druckform mit den Farbballen erforderte Geschick und Übung. Es galt, die Druckfarbenmenge – nicht zuviel und nicht zuwenig – gleichmässig über die ganze Form zu verteilen. Das exakte Einhalten der Farbmenge war damals schon eine der wichtigsten Anforderungen an die Drucker. Die Leistung im gut eingespielten Team betrug einige Dutzend Bogen je Stunde, einseitig schwarz bedruckt.

In den Zünften und bei den übrigen Handwerkern sprach man von der Buchdruckerkunst, und die Drucker nannte man «Schwarzkünstler». Diese Begriffe lebten noch weit bis ins 20. Jahrhundert.

Handtiegel und Tiegelautomat: Ideale Maschinen für kleinformatige Drucksachen. Auf ihnen erfuhren Buchdruckerlehrlinge ihre ersten Erlebnisse des selbständigen Arbeitens.

Das Bedienen von Tiegeldruckpressen

Konstruktionsbedingt blieben Tiegeldruckmaschinen stets kleinformatig. Sie dienten der Herstellung von Kleindrucksachen für private und geschäftliche Zwecke: Karten, Zirkulare, Formulare, kurzum – alles von der Geburts- bis zur Todesanzeige. Am Tiegel – wie man ihn üblicherweise nannte – machte jeder Druckerlehrling seine ersten Gehversuche. Die Maschine war leicht überschaubar und bedienungsfreundlich. Bei deren Einrichten und Bedienen erfuhr der Lehrling die Auswirkungen jedes einzelnen Handgriffes hautnah, und er erlebte – vom psychologischen Standpunkt her ausserordentlich wichtig – die ersten Erfolge der selbständigen Maschinenführung sowie das Gefühl von unmittelbarer Verantwortung.

Das Arbeiten an Schnellpressen stellte höhere Anforderungen

Hand- oder Tiegeldruckpressen erlaubten den Druck einer, bestenfalls gleichzeitig zweier Druckformen A4. Physikalische Gründe setzten diesen Maschinen von der Grösse her Grenzen. Schnellpressen hingegen boten bis zu 32 Druckseiten Platz, je nach Maschinengrösse und Endformat. Nur die Einhaltung der richtigen Seitenreihenfolge, die Festlegung der exakten Zwischenräume und Schnittränder, das Einfügen von Falz- und anderen Hilfszeichen erlaubten die spätere Verarbeitung zu ganzen Werken durch die

Drucker beim Bedienen der Schnellpresse (1911). Stolz war er auf die stündliche Leistung von 1000 Druckbogen.

Geschlossene Form in die Druckmaschine montiert.

Vorbereitung der Form. Klischees und Satz als Bild- und Textelemente wurden meist ausserhalb der Schnellpresse in einen Rahmen geschlossen. Logisches Denkvermögen, rechnerisches Können und Geschick im Umgang mit Bleimaterial waren erforderlich.

Stand- und Registermachen anhand des ersten Abzuges. Der Drucker zeichnet die Schnitt- und Zwischenräume ein, stets unter Berücksichtigung des Endproduktes. Diese wichtige Aufgabe ist auch beim heutigen modernen Drucken gleichgeblieben.

Eine elementare Tätigkeit des Buchdruckers bestand in der Montage und Zurichtung von Klischees. Augenmass beim Plazieren auf die Unterlage und Präzision beim Justieren auf die exakte Schrifthöhe verlangten Sorgfalt.

Druckelemente mussten zugerichtet, das heisst ausegalisiert werden. Fettdruckende Teile waren zu belasten, feine zu entlasten. Gespür für Feinheiten und geschickter Umgang mit Messer, Leim und Schere waren Voraussetzung.

Moderne Stoppzylinderpresse, Baujahr 1965. Leistung pro Stunde 3500 Bogen.

Buchbinder. Das Ausschiessen des mit Schnüren ausgebundenen Schriftsatzes aus Blei verlangte nebst handwerklichem Geschick abstraktes, logisches Denken und überdies rechnerisches Können. Die Manipulationen beim Formenschliessen und späteren Maschineneinrichten wurden komplexer und anspruchsvoller.

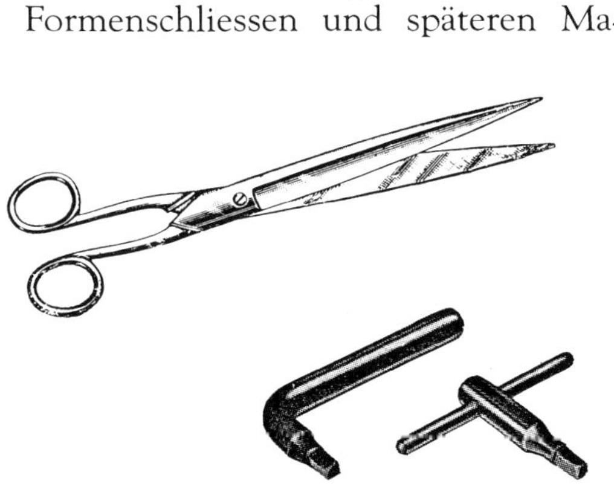

Zentrale Tätigkeit des Buchdruckers blieb stets das Zurichten der Druckform. Hier ging es zunächst um die Erzielung des gewünschten Druckresultates, ferner um die Schonung von Satz-, Bild- und Maschinenmaterial. Feine Unebenheiten der Druckmaschine und Niveauunterschiede innerhalb der Druckformenelemente galt es im Aufzug auf eine Ebene zu bringen. Für diese «Feinarbeit» waren Schere, Zurichtmesser, Leim und Seidenpapier unterschiedlichster Stärke die Werkzeuge und Materialien des Druckers. Mit der nachfolgenden Kraftzurichtung erhielten fette Schriften und flächige Sujets zusätzlichen Druck, während der Drukker sorgfältig darauf achten musste, feine Elemente wie Linien, magere Schriften usw. vom Druck zu entlasten. Besondere Sorgfalt und Fähigkeiten erforderte das Zurichten von Bildern und Fotos. Hier bewertete man zunächst die Bilder nach hellen, mittleren und vollen Farbtönen. Während der Ausgleich dieser Unregelmässigkeiten anfänglich rein manuell mit Hilfe von Seidenpapierabstufungen bewältigt werden musste, kamen später dem Drucker ein Kreiderelief-, ein Streupulver- und ein Wärmequellverfahren zu Hilfe. An der Forderung nach äusserst exakter Arbeitsweise, die dazu noch Begabung verlangte, änderte sich dabei aber wenig.

Der Rotationsdrucker – Steuermann einer Grosstechnologie

Die Erfindung des Druckens ab Rolle setzte klare Zeichen für den Beginn des industriellen Zeitalters auch in der Drucksachenherstellung. Die Tätigkeit des Rotationsdruckers verlagerte sich vom handwerklichen Können auf die Bedienung von Maschinensystemen. Zunächst musste er sich an bisher unbekannte Maschinengrössen und -leistungen, Lärmbelastungen und Zeitfahrpläne gewöhnen. Der Schwerpunkt der beruflichen Tätigkeit lag weniger in der Pflege des qualitativen Details als vielmehr in der minuziösen Einhaltung der Zeit. Zeitungen und

Maschinensaal mit Eintouren-Schnellpressen. Die Leistungssteigerung je Stunde konnte nur durch Anschaffung einer weiteren Maschine erreicht werden.

Zeitschriften waren nämlich schon immer verknüpft mit den Fahrplänen öffentlicher Verkehrsmittel.

Mit der Rotationsmaschine verbunden war stets die Idee der nachgeschalteten Ausrüstung. Somit hatten sich Drucker zusätzlich mit Fragen der Verarbeitung bedruckter Bogen auseinanderzusetzen. Bisher war man an bestimmte Merkmale und Tücken von Papierbogen gewöhnt, zum Beispiel an den Unterschied von Schmalband und Breitband (siehe Seite 76), Formatdifferenzen und anderes mehr. Neu hinzu kamen nun die Eigenheiten der Papierrolle, deren Gewicht, andere Transportarten und Beschädigungsgefahren, Bahnspannungsunterschiede und die neuen Finessen beim Papiernachschub, d. h. beim Rollenwechsel.

Von der Blütezeit bis (fast) zum Ende des Buchdruckes

Schrittweise erfolgte nach dem Ersten und Zweiten Weltkrieg in den Betrieben der Kapazitätsausbau mittels Druckeinheiten. Wo anfänglich eine oder zwei Maschinen produzierten, waren es in den sechziger Jahre oftmals acht, zwölf und mehr gleiche Modelle. Es wurde ab flachen, starren Druckformen aus Blei und Zink gedruckt. Mit dieser Entwicklung zeigte sich auch, dass nicht jeder Drucker alles bewältigen konnte. Während die Teilung zwischen Rotationszeitungs- und Akzidenzdruck historisch bedingt war, spezialisierten sich die Akzidenzdrucker beispielsweise auf Illustrations- und Farbendruck. Egal, ob schwarzweisse oder farbige Bilder, die Realisierung einer hochwertigen Qualität war nicht jedermanns Sache. Der Druck mehrfarbiger Bilder darf rückblickend in hohem Masse sogar als eine kunsthandwerkliche Tätigkeit betrachtet werden, vor allem, wenn man die damaligen Materialien und die übrigen bescheidenen Druckmöglichkeiten berücksichtigt.

Ausgerechnet während der Hochkonjunktur des Buchdruckes – nach dem Zweiten Weltkrieg bis 1965 – machten sich Forscher auf verschiedenen Gebieten Gedanken über die weitere Zukunft dieses Verfahrens. Mit allen Mitteln versuchte man von der starren Form, bestehend aus Einzelelementen wie Buchstaben, Linien, Klischees usw., wegzukommen. Die Lösung bestand – nach dem Vorbild des Offsetdrucks – in Ganzformenplatten, was auch den schnelleren rotativen Druck erlaubte. Das Drucken rund auf rund, Prototypen von Zweifarbenmaschinen und ein Klischee-Schnellätzverfahren haben in den sechziger Jahren dem Buchdruck noch etwas das Leben verlängert. Schliesslich waren es die unbestrittenen Vorteile des Offsetdrucks, die ihn endgültig ein- und überholten. Neben den unbegrenzten Gestaltungsmöglichkeiten des Fotosatzes und der preisgünstigeren Herstel-

Bestehende Buchdruckabteilung eines modernen Offsetbetriebs. Mit den gut erhaltenen Maschinen werden Bogen ...

lung von Farblithos gab es für den Offsetdruck noch weitere Argumente, so etwa die rasche und einfache Druckformenherstellung, die höhere Druckgeschwindigkeit und die Tatsache, dass sich auch auf rauhen oder dünnen Papieren eine einwandfreie Bildqualität reproduzieren liess. Das waren Trümpfe, denen der Buchdruck nichts mehr entgegenzusetzen hatte. Mehr und mehr geriet er ins Abseits.

Mit dem Buchdruck verlor die grafische Branche auch eine eigene Masseinheit und den grossen Schatz von klingenden, alten Fachwörtern. Sie wurden durch die Begriffe neuer Technologien und veränderter Arbeitsmethoden ersetzt.

... gestanzt, gerillt, perforiert ...

... und was vom Buchdruck übrigblieb

In den meisten Druckereien sind in der Folge Bleisatz und Buchdruckmaschinen verschwunden. Einige wenige Betriebe haben aber die eigene Buchdruckabteilung beibehalten, mit Recht und Erfolg, wie sich erst heute zeigt. In keinem anderen Druckverfahren las-

... und geprägt, wozu Präge- und Gegenform benötigt werden. Die Ausführung ist anspruchsvoll. Erfahrene Buchdrucker beherrschen dieses Handwerk.

sen sich nämlich Familien- und andere Kleindrucksachen technisch so flexibel und wirtschaftlich herstellen. In weiteren Fällen bietet der bestehende Buchdruck, die ideale Ergänzung zum Offsetdruck, so beispielsweise für Blind- und Folienprägungen, letztere mit oder ohne Relief. Hier ist er durch nichts zu ersetzen. Beim Stanzen, Rillen, Ritzen und Perforieren hat er noch eine grosse Zukunft vor sich. Häufig müssen ganze im Offset vorgedruckte Auflagen mit einer oder mehreren dieser Ausrüstungsarten über Buchdruckmaschinen weiterverarbeitet werden.

Dennoch, zurzeit werden kaum noch Buchdruckmaschinen gebaut und in diesem Verfahren auch keine Lehrlinge mehr ausgebildet. Die meisten praktisch tätigen Buchdrucker wurden via Umschulung willkommene Helfer im Offset, sei es in der Druckformenvorbereitung, wo sie anstelle schwerfälliger Bleisätze nun dünne, kopierfähige Filme montieren, oder sei es auf der Druckmaschine, wo sie ihre bisherigen Erfahrungen überall einbringen und nutzen können. Die definitive Anerkennung als Offsetdrucker erfolgt meistens nach einer An- oder Zusatzlehre und verläuft praktisch problemlos, was dem Berufsstand ein gutes Zeugnis für technische Anpassungsfähigkeit und Flexibilität ausstellt.

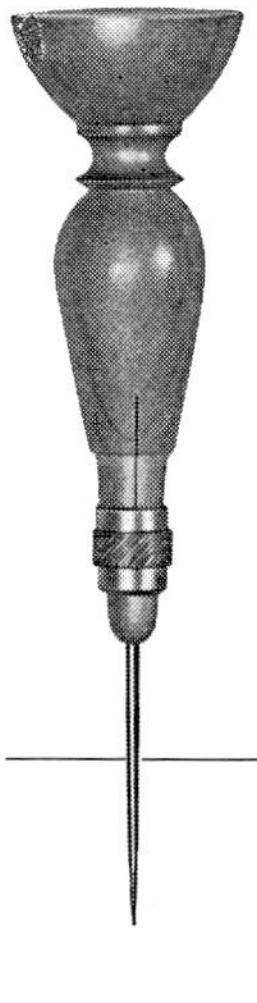

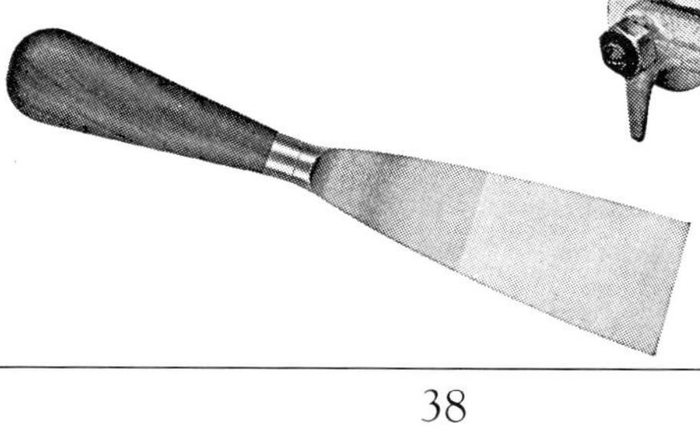

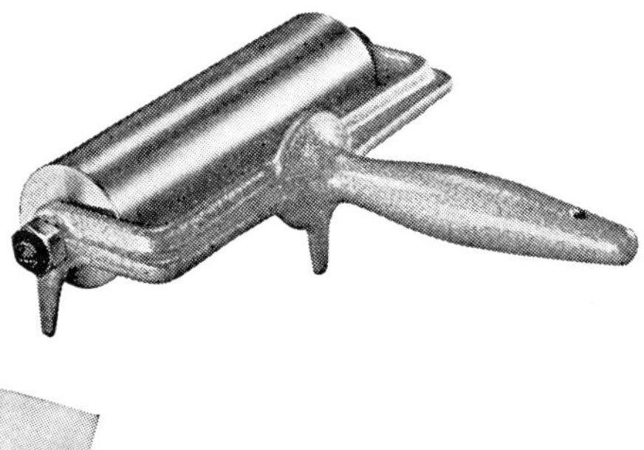

DER OFFSETDRUCKER

Vorläufer des Offsetdrucks

Die Erfindung des Flachdrucks im Jahre 1798 wird Alois Senefelder zugesprochen. Er gilt rückblickend als Wegbereiter des heutigen Offsetdrucks.

Als junger Schauspieler und gleichzeitig Schriftsteller pflegte er in München enge Kontakte zu Druckereien. Oft liessen ihn diese mit den Terminen im Stich und hatten anderseits Mühe, mit den bestehenden Bleibuchstaben oder Holzschnitten seine Wünsche – wie beispielsweise jene des Notendrucks – zu erfüllen. Senefelder kannte das Handwerk des Kupferdrucks. Weil ihm aber Kupfer zu teuer war, schrieb und zeichnete er auf einen flachgeschliffenen Stein – seinen eigenen Farbstein – mit dem Ziel, die nichtdruckenden Stellen nachher durch Ätzen tiefzulegen. Mühe bereitete ihm das Zeichnen und Schreiben im Spiegelbild. Um den Vorgang zu vereinfachen, erstellte er die Vorlage seitenrichtig auf Papier und übertrug nachher die feuchte Farbe auf den Stein, indem er das Schriftbild von der Rückseite des Blattes her auf diesen abrieb. Die Übertragungen waren sehr unvollkommen, und so musste Senefelder die nicht sauberen Stellen retuschieren, bevor er die nichtdruckenden Teile ätzen konnte. Bei den weiteren Versuchen, die Übertragungsqualität zu verbessern, fiel ihm auf, dass die auf den Stein transferierte Zeichnung die nachher für den Druck notwendige Einfärbung annahm, während die mit wasserlöslichem Klebstoff übergossenen zeichnungsfreien Stellen die Farbe abstiessen. Das Ergebnis regte ihn an, den Versuch auf dem ihm geeigneter erscheinenden Solnhofer-Kalkschieferstein zu wiederholen – der Erfolg blieb nicht aus.

Die Verbreitung der Idee

Wie schon Johannes Gutenberg brachte es auch Senefelder wirtschaftlich auf keinen grünen Zweig. Es erging ihm wie vielen anderen genialen Erfindern, die vielfach kaufmännische und ökonomische Gesichtspunkte vernachlässigten.

Während Gutenbergs Erfindung allein der Verbreitung des Wortes diente – die zeichnerischen Ausschmückun-

Steindruck nach historischem Vorbild. Für künstlerische Zwecke, das heisst für die Herstellung von Original-Lithografien, wird er auch in Zukunft noch Anwendung finden.

gen erfolgten bekanntlich anschliessend von Hand – war es von nun an dank Senefelder möglich, auch Zeichnungen, Musiknoten, Tabellen und Landkarten sogar mehrfarbig zu drukken.

Senefelders Erfindung geriet in die grosse Zeit der Bürgeremanzipation, begleitet von einem starken Kunst-, Kultur- und Bildungsbedürfnis. Der herkömmliche Holzschnitt als bisher einziges Illustrationsmittel der Buchdrucker genügte den Anforderungen nicht mehr. Manuell ausgeführte Kupferstiche oder Radierungen waren sehr teuer und überdies nicht allgemein zugänglich. Sie galten als Einzelexemplare. Ferner fiel Senefelders Erfindung in die Zeit genereller revolutionärer technischer Neuerungen.

Die Liebe zum Künstlerischen, der Sinn für das Schöne und die technischen Voraussetzungen für die Wiedergabe feinster Details sicherten dem Steindruck über Jahrzehnte sein Bestehen, das teilweise bis in die 50er Jahre dieses Jahrhunderts reichte. Die Vorteile lagen aber auch in der qualitativen Langlebigkeit der Druckpressen, bedient von ausgebildeten Steindrukkern. Dies sind die Gründe, weshalb der Steindruck auch neben dem bereits aufkommenden Offsetdruck wirtschaftlich mitzuhalten vermochte.

Das Umfeld des Offsetdruckers

Was Senefelder bei seinen Versuchen bemerkte, muss ihm wie Zauberei vorgekommen sein. In Wirklichkeit und aus heutiger Sicht betrachtet, war es das natürliche Verhalten ungleicher Stoffe.

Wasser ist flüssiger als Farbe und lässt sich daher leichter spalten; Fett und Wasser zeigen gegenseitige Abstosseffekte und Metalloberflächen mit bildtragenden und bildfreien Stellen sind mit Wasser ungleich gut benetzbar. Die konsequente Ausnützung dieser physikalischen und chemischen Gesetzmässigkeiten und der exakte Wissensstand über deren Funktionieren in der Praxis haben den Offsetdruck zum bedeutendsten Druckverfahren heranwachsen lassen. Die Druckform ist, im Gegensatz zum Hochdruck, stets seitenrichtig, weil der Druck indirekt über ein Gummituch auf den Bedruckstoff gelangt. Wichtige Auftragsgebiete hat der Offsetdruck fast lückenlos erobert, so zum Beispiel Zeitungen und Bücher, Zeitschriften und Kalender, Etiketten und Plakate, Drucksachen für Werbung, Büroinformation und Organisation, Landkarten, Faltschachteln, Ansichtskarten, Formulare, allgemeine Geschäfts- und Privatdrucksachen.

Offsetdrucker, in verschiedenen Fachrichtungen tätig, sind heute die mit Abstand grösste Berufsgattung unter den Druckern. Stellvertretend für alle übrigen Verfahren gibt das folgende Kapitel detailliert Einblick in ihre vielfältigen Aufgaben.

Die Arbeitsabläufe im Offsetdruck

1. Feuchtwerk

Es war ein Zufall bei Senefelders Erfindung, dass gerade Wasser als lebenswichtiges Element in der Tätigkeit des Offsetdruckers eine ganz entscheidende Funktion erhielt. Wasser besitzt wunderbare Eigenschaften, kann aber auch zerstörend wirken. Im übertragenen Sinne finden sich Nutzen und bei Fehleinschätzung Schaden dieses Elementes ebenfalls auf den Druckwerken der Offsetmaschine.

Wasser, Wischwasser – heute meistens auch Feuchtmittel genannt – hat die Aufgabe, die nichtdruckenden Teile der Offsetplatte vor dem Einfärben zu schützen. Eine hauchdünne, kaum spürbare Wasserschicht ist dazu ausreichend. Alle druckenden Stellen der Platten sind für Wasser kritisch benetzbar. Auf diesen nämlich wird der

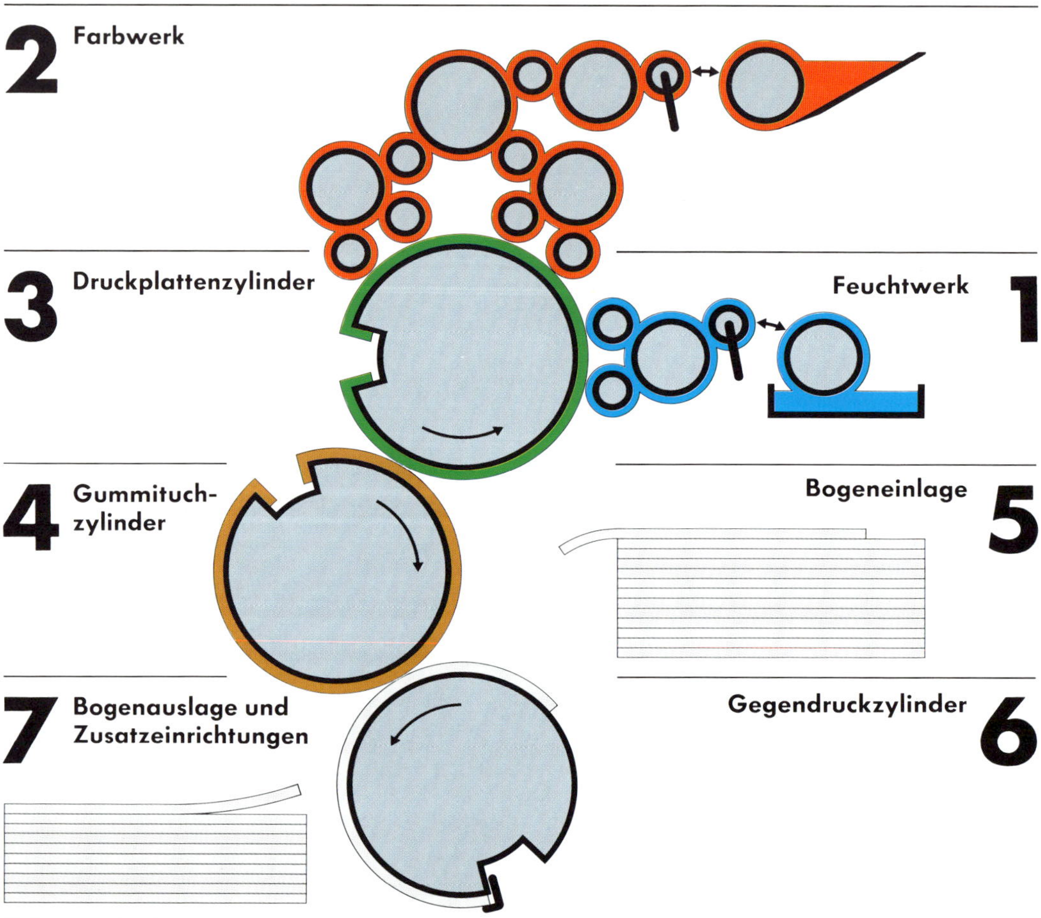

Schema einer Einfarben-Offsetdruckmaschine. Bei Mehrfarbenmaschinen ist für jede Farbe ein separates Druckwerk eingebaut, wobei alle Farben in einem Durchgang hintereinander gedruckt werden. Detaillierte Kenntnisse der verschiedenen Maschinenteile und ihrer Bewegungsabläufe gehören zum Grundwissen jedes Offsetdruckers.

vorhandene Feuchtmittelfilm von den hinterher angeordneten Farbwalzen aufgenommen oder weggeschoben, so dass sie eingefärbt werden.

Die physikalischen Vorgänge, die sich hier abspielen, muss der Drucker theoretisch nachvollziehen können, denn nur so ist er in der Lage, bei allfällig auftretenden Problemen wirksam einzugreifen.

Hochleistungsdruckwerke und verfeinerte Qualitätsansprüche stellen an das Feuchtwasser immer höhere Anforderungen. Der Wasserfilm muss möglichst dünn sein und während der ganzen Druckzeit homogen bleiben. Dieser Anspruch beispielsweise ist nur erfüllbar mit verschiedenen wasserentspannenden Zusätzen, die der Drucker genau kennen muss. Nicht zuviel und nicht zuwenig ist die Devise – und das bei ideal eingestelltem ph-Wert des Feuchtmittels und der richtigen Wasserhärte.

Die Präparation des Feuchtmittels und dessen Anpassung an Druckplatte und Maschine, an Bedruckstoff und vorgesehenen Auftrag gehören ebenso zu den Aufgaben des Druckers wie die genaue Dosierung während des Auflagendrucks.

Die Befeuchtung der Druckplatte erfolgte während Jahrzehnten mit stoffbezogenen Walzen. Das Aufziehen der Moltonschläuche, das Justieren der Feuchtwalzen und die richtige Reinigung nach dem Gebrauch gehörten zu den selbstverständlichen Pflichten des Druckers. Filmfeuchtwerke an modernen Maschinen arbeiten heute ohne Stoffüberzüge. Ihre Gummi- oder Kunststoffmasse hat eine definierte Shorehärte, und das Feuchtmittel wird bei gleichmässig tiefer Temperatur gehalten. Nur so erfüllen die neuen Feuchtsysteme die hohen Anforderungen an den Qualitätsdruck, wobei aber präzise Einstellung und Wartung Voraussetzung sind. Trotz der stark verbesserten Technik ist das Dosieren der Feuchtmittel ein Detail, das sehr viel Fingerspitzengefühl verlangt.

Weil das Wasser bei ungeschickter Handhabung zum Störfaktor wird und Unheil anrichten kann, haben die Forscher schon seit langem versucht, einen funktionsfähigen Offsetdruck ohne Feuchtung zu entwickeln. Alle diesbezüglichen Versuche brachten bis heute noch nicht den gewünschten Erfolg, doch gehen sie weiter. In den letzten Jahren hat man aber auch die Vorteile des Wassers noch besser erkannt und sie zusammen mit neuen Feuchtmittelzusätzen, mit komfortableren Befeuchtungssystemen und vor allem mit viel mehr Drucker-Know-how konsequent genutzt.

Modernes Filmfeuchtwerk. Von der exakten Aufbereitung und Dosierung des Feuchtmittels sowie der Justierung der Walzen hängt das Gelingen des Druckresultats ab.

2. Farbwerk

Das Farbwerk, bestehend aus mehreren Gummi- und Stahlwalzen, bildet das «Herzstück» jeder Druckmaschine. Vom Zustand der Walzen, ihrer exakten Einstellung und Pflege hängt sehr viel ab. Der verantwortungsbewusste Drucker weiss das und hat daher zum Farbwerk und seinen Walzen eine besondere Beziehung.

Während mehrerer Jahrhunderte wurde im Buchdruck der Bleisatz mit Farbballen von Hand eingefärbt. Die ersten Farbwalzen waren mit Leder überzogen, die Qualität der Einfärbung aber nie zufriedenstellend. Entscheidend verbessert wurde sie durch die zunächst aus Gelatine gegossenen Massewalzen. Bis zum Zweiten Weltkrieg stellten die Drucker solche Walzen selber her. Schnellere Maschinen und höhere Ansprüche an die Einfärbung verlagerten die Walzenherstellung auf wenige, dafür spezialisierte Betriebe. Diese waren inzwischen in der Lage, anstelle von Gelatine bessere und widerstandsfähigere Materialien aus Kunststoffen anzubieten. Erst diese genügten auch den schnellerlaufenden Maschinen des Offsetdrucks.

Eine echte Präzisionsarbeit im Aufgabenheft des Druckers ist das Walzenstellen. Jede einzelne Massewalze muss mit einem bestimmten Berührungsdruck zur benachbarten Stahl-Reiberwalze oder zur Druckplatte stehen, damit sie die Farbe optimal übertragen kann. Dieses vom Drucker vorzunehmende Justieren verlangt Aufmerksamkeit und Gespür für Genauigkeit. Wichtige Voraussetzung für die Pflege der Walzen sind Kenntnisse über die verschiedenen Walzenmaterialien, denn nur so weiss der Drucker, wo welches Reinigungs- und Pflegemittel einzusetzen ist.

Die wichtigste Aufgabe jedes Druckers ist die Überwachung der gleichmässigen Farbführung, sowohl über die Bogenbreite als auch über die ganze Auflagenhöhe. Mit viel Gefühl reguliert er dazu die Zonenschrauben am Farbkasten, nimmt jede Veränderung am bedruckten Bogen optisch wahr und weiss, je nach eigenem Erfahrungsstand, möglicherweise entstehenden Nebenwirkungen rechtzeitig vorzubeugen. Moderne Druckmaschinen besitzen weder Farbdosiermesser noch Zonenschrauben im herkömmlichen Sinn. Beim Regulieren der Farbe vor und während des Fortdrucks steht nunmehr der Computer zur Seite. Das

Drucker beim Farbstellen. Zonenschrauben werden von Hand reguliert. Rasche Reaktion und gleichzeitiges Fingerspitzengefühl sind gefragt.

bisherige Farbdosiermesser ist durch einzelne schmale Schieber ersetzt worden. In winzig kleinen Bewegungen können diese mit Servomotoren vor- oder zurückgeschoben werden, womit sich ihr Abstand zur Duktorwalze verändern lässt. Die Fernsteuerung geschieht über ein zentrales Kontrollpult, wo der Drucker mit Hilfe von Tasten schnell in den Prozess eingreifen kann. Er bedient von einer Stelle aus gleichzeitig mehrere Farbwerke. Korrekturen zeigen sofortige Wirkung.

Dazu erhält der Druckbogen, über seine ganze Breite verteilt, Farbmessfelder. Auf dem Kontrolltisch liest der Densitometer sekundenschnell nacheinander die Felder ab und vergleicht sie mit den vorher eingelesenen Sollwerten des Andruck- beziehungsweise «Gut zum Druck»-Bogens. Treten Differenzen auf, wird die Farbgebung vom Rechner selbständig durch Impulse auf den entsprechenden Farbschieber berichtigt. Das Vorhandensein solcher Anlagen verkürzt die Einrichtezeit, erlaubt eine Qualitätssicherung und er-

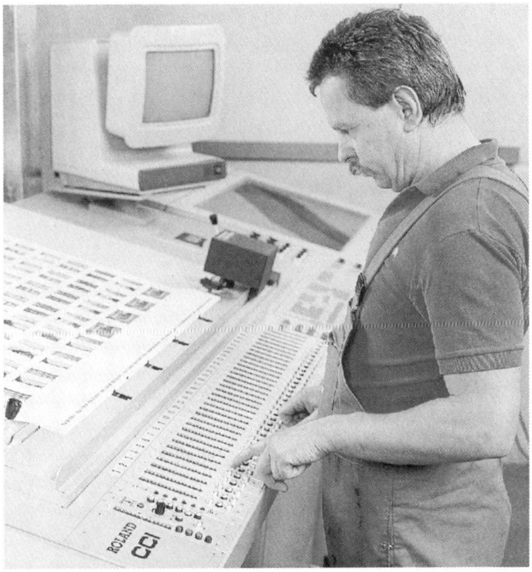

Grundlegend anders ist das Farbstellen auf modernen grossformatigen Druckmaschinen. Die Korrektur erfolgt ferngesteuert über eine Tastatur...

... wobei die Farbmenge zonenweise mit Hilfe von nebeneinander liegenden, motorisch betätigten Schiebern dosiert wird.

möglicht ferner das Abspeichern der definitiven Daten auf Magnetträger. Im Falle eines Wiederholungsauftrags lassen sich so nochmals Zeit und Makulaturen einsparen.

3. Druckplattenzylinder

Der druckfertigen Platte gehen zahlreiche Berufe voraus: Autoren, Journalisten, Fotografen, Künstler, Grafiker, Schriftsetzer, Typografische Gestalter. An der Verwirklichung der Druckform weiter beteiligt ist auch der Reprofotograf. Er erstellt von Dias oder Papierfotos die kopierfähigen Filme, bei mehrfarbigen Bildern die Farbauszüge. Falls notwendig, besorgt er die Einkopierung und Retuschen. Mit der Übergabe der kopierfähigen Filme, bestehend aus Text- und Bildseiten, beenden alle diese Berufe ihre Vorleistungen.

Die nun folgende Fertigung der eigentlichen Offset-Druckplatte ist mit ihren hohen Anforderungen dem Offsetmonteur – dies ein selbständiger Beruf – anvertraut. Die Arbeit wird aber auch häufig von gelernten Setzern und Druckern ausgeführt. Ähnlich einem Architekten, der sich anhand seiner Pläne das fertige Bauwerk vorstellen muss, erstellt er den sogenannten Standbogen. Zunächst muss er wissen, auf welcher Maschine, in welchem grösstmöglichen Papierformat und mit wie vielen Druckwerken produziert wird, ob der Druck im Schön- und Widerdruck erfolgt und mit welchen Besonderheiten, auch im Hinblick auf die nachfolgende Weiterverarbeitung, zu rechnen ist.

Neben dem kleinformatigen Druck, also jenem mit Einzelnutzen, druckt man auf mittel- oder grossformatigen Maschinen gleichzeitig 4, 8, 16, 24 oder 32 Seiten, vor- und/oder rückseitig. Die einzelnen Seiten müssen auf dem Papierbogen so plaziert werden, dass sie im fertig ausgerüsteten Druckerzeugnis – beispielsweise einer Bro-

Filmmontage zu druckfähigen Platten. Bevor eine Druckplatte belichtet und entwickelt werden kann, ist die standgenaue Montage der kopierfähigen Negativ- oder Positivfilme erforderlich. Diese Arbeit gehört in den Aufgabenbereich des dafür spezialisierten «Offsetmonteurs». Auch der Drucker beherrscht sie.

schüre oder einem Buch – die richtige Reihenfolge haben und im Satzspiegel deckungsgleich sind. Hinzu kommt das Anbringen von Messfeldern oder Kontrollmarken für die Überwachung des Fortdrucks. Weitere Zeichen wie Seiten- und Flattermarken dienen als Hilfe für die buchbinderische Ausrüstung. Beim Buchbinder werden sie weggeschnitten, sind also nachher nicht mehr vorhanden.

Wie bereits an anderer Stelle erwähnt, löste anfangs des 20. Jahrhunderts ein dünnes Metallblech den unhandlichen Stein als Drucküberträger ab. Während Jahrzehnten waren es Zink- und Mehrmetallplatten, die man in einem aufwendigen Verfahren druckfähig zubereitete. In der Beschichtungsschleuder musste man zuerst auf das blanke Metall die lichtempfindliche Emulsion auftragen. Die nachfolgende Aufzählung zeigt die vielen Arbeitsschritte bis zur fertigen Druckplatte:

Schemen des Ausschiessens für den Druck eines 16seitigen Bogens zum Umschlagen.

Auftragen der lichtempfindlichen Emulsion auf die Druckplatte in Handarbeit und das aufwendige Entschichten. Diese Arbeiten, einst durch die Offsetkopisten ausgeführt, sind heute wesentlich einfacher. Durch Spezialbetriebe industriell vorbeschichtete Platten sind allgemein im Einsatz.

– Trocknen – Kopieren – Entwickeln – Abdecken – Tiefätzen – Einlackieren – Einfärben – Entschichten – Korrigieren – Gummieren.

Zuständig dafür war während Jahren der Beruf des Offsetkopisten. Dieser besass handwerkliches Können und war gewandt im Umgang mit Chemikalien. Trotz exakter Arbeitsweise liessen sich Qualitätsschwankungen bei der Beschichtung innerhalb einer Platte oder von Platte zu Platte nie ganz vermeiden.

Einen wahren Siegeszug erlebte die in den 70er Jahren industriell vorbeschichtete Platte, heute ausnahmslos dünne Aluminiumbleche, die einseitig elektrolytisch aufgerauht sind. Die Herstellung inklusive der lichtempfindlichen Beschichtung erfolgt ausschliesslich auf Grossanlagen. Eine höchstmögliche Gleichmässigkeit ist somit gewährleistet.

Zu den bisherigen handwerklichen Kenntnissen über die Plattenherstellung mussten solche für rationelle Montagetechniken, verschiedene Plattentypen, Belichtungszeiten und Entwicklungschemikalien erworben werden. Eine Reihe verschiedener Platten steht heute zur Verfügung, und es gilt, je nach Auflagenhöhe und Maschinentyp, die optimale Wahl zu treffen.

Nur noch in Ausnahmefällen belichtet und entwickelt der Drucker als Maschinenmeister heute seine Platten selber, es sei denn, man arbeite innerbetrieblich in Job-Rotation. So oder so muss er aber über die Herstellung Bescheid wissen. Rechtzeitig greift er ein, falls bei der Filmmontage eine für den Druck ungünstige Sujetverteilung entsteht.

Auch muss er im voraus den farbflächenbedeckten Anteil der Druckplatte kennen und nötigenfalls korrigierend Einfluss nehmen, indem er in den

Entwickeln der vorbeschichteten, belichteten Platten von Hand. Das elektrolytisch aufgerauhte Aluminium wird an den nichtdruckenden Stellen freigelegt. Dadurch werden diese mit Wasser leichter benetzbar als die beschichteten, druckenden Partien.

Plattenherstellung im Entwicklungsautomat. Sichtbares Zeichen einer Verlagerung «vom Handwerk zur Industrie».

Randzonen farbabnehmende Balken einkopieren lässt. Je nach Bedruckstoff ist der Offsetdruck nämlich darauf angewiesen, dass für jeden Druckbogen eine gewisse Menge Frischfarbe nachfliessen kann.

Bevor man Druckplatten in Druckmaschinen mit vollautomatischer Farbsteuerung montiert, wird auf dem für diesen Zweck bestimmten Scanner der druckende Anteil der Platte gespeichert. Aufgrund dieser Daten reguliert dann der Computer zonenweise die Farbdosierung des betreffenden Druckwerks. Die letzten, aber entscheidenden Korrekturen in der Wasser- und Farbführung muss stets der Drukker selbst vornehmen. Er ist und bleibt immer oberster Richter über die Farbgebung.

Die registergenaue Montage der Druckplatten forderte und überforderte teilweise die Drucker jahrelang. Mehrmalige Korrekturen an den Befestigungsschrauben bis zum exakten Stand waren die Regel. Passnockensysteme haben all diesen Zufälligkeiten ein Ende gesetzt. Für das Montieren

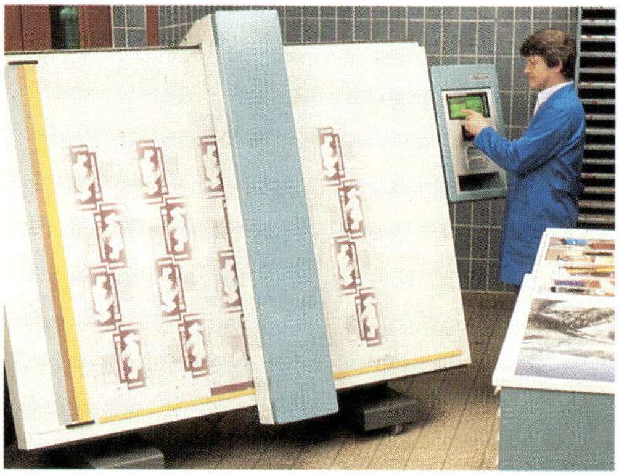

Auf modernen Druckwerken erfolgt die grobe Farbdosierung durch das vorherige Einlesen der druckfertigen Platten mit dem Scanner.

Plattenbehandlung auf der Druckmaschine. Vorfeuchten, Reinigen oder Korrigieren der Platte auf der Druckmaschine sind Manipulationen, die peinlich genaues Arbeiten voraussetzen.

Drucker, Fachrichtung Bogenoffset, beim Einrichten ihrer Maschine. Gutes Teamwork ist Voraussetzung. Bis zum Start des Fortdrucks muss eine Anzahl Detailarbeiten in exakter Reihenfolge ausgeführt werden.

stehen heute Klemm- und Schnellspannsysteme sowie Drehmomentschlüssel zur Verfügung. Sie verkürzen wohl die Einrichtezeit und erhöhen die Präzision, können aber den Drucker in diesem wichtigen Arbeitsgebiet niemals ersetzen.

4. Gummituchzylinder

Der vom Farbwerk eingefärbte Druckplattenzylinder berührt zunächst den Gummituchzylinder. Erst ab diesem erfolgt die Farbübertragung auf das Papier mit Hilfe des Gegendrucks. Von dieser Art des indirekten Druckens stammt die Bezeichnung «Offsetdruck» (engl. offset, auf deutsch absetzen). Das Gummituch als Zwischenträger und eigentliches Merkmal des Offsetdrucks erlaubt dank seiner hohen Kompressibilität auch die Verarbeitung von rauhen und geprägten Papier- oder Kartonoberflächen.

Jahrzehntelang genügte ein einziger Gummituchtyp. Heute unterscheidet man zahlreiche Qualitäten mit unterschiedlichen Beschaffenheitsmerkmalen. Aus theoretischen Kenntnissen und praktischer Erprobung weiss der Drucker, wo sich welche Tuchqualität am besten eignet. So beispielsweise ist das ideale Gummituch für holzhaltiges Naturpapier ungeeignet für glänzendes Kunstdruckpapier oder jenes für die Rollenoffsetmaschine ist unzweckmässig für den Bogenoffsetdruck.

5. Bogeneinlage

Automatische Bogenein- und -auslagen sind Erfindungen aus diesem Jahrhundert.

Hier ist der direkte Kontakt zum Bedruckstoff noch gegeben. Aufsetzen des Bedruckstoffes auf kleinformatige Offsetmaschinen.

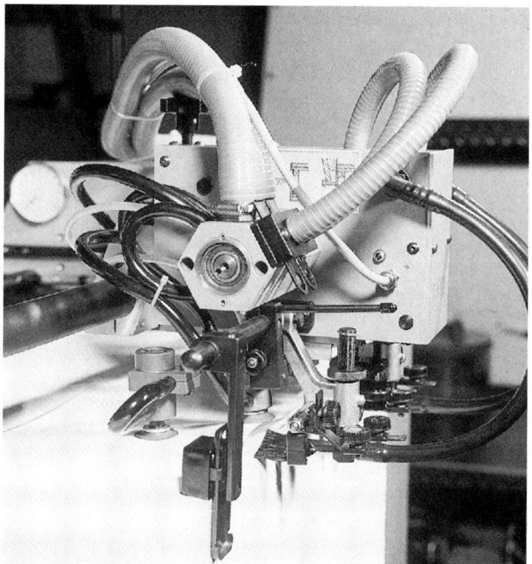

Saugkopf des Bogeneinlegers einer grossformatigen Maschine. Nur bei präziser Einstellung lassen sich sowohl Seidenpapier wie auch dicker Karton mit hoher Geschwindigkeit einlegen.

Rolleneinzug auf Rotationsdruckmaschine. Die Bedienung einer Rollenoffset-Druckmaschine hat wenig gemeinsam mit der Bogenoffset-Druckmaschine – gemeinsam ist die Forderung nach der gründlichen Beherrschung der Offsetdruck-Technologie.

Noch lange nach dem Ersten Weltkrieg beschäftigte man in Druckereien sogenannte Einlegerinnen. Es waren Frauen mit flinken Händen für das Einlegen der Bogen. Die Aufgabe des Druckers lag also beim Einrichten, das heisst bei der Inbetriebnahme der Maschine und in der Überwachung des Fortdrucks. Mehr und mehr ersetzten dann Druckmaschinen mit anfänglich nur mechanischen Einlegeapparaten die Routinearbeiten der Frauen. Für den Drucker galt es, die Überwachung dieses zusätzlichen Maschinenteils mit in seine Aufgaben im Fortdruck einzubeziehen. Die Einlegeapparate und -vorrichtungen für die Bogenein- und -auslage brachten mit der dafür notwendigen Blas- und Saugluftversorgung zusätzliche Wartungs- und Unterhaltsarbeit.

Unterschiedliche Papierarten, beispielsweise bezüglich Flächengewicht oder Dicke, verlangen ein genaues Einrichten des Einlegeapparates. Oft sind Feinheiten entscheidend, ob der automatische Einleger die Umstellung von einer Sorte auf die nächstfolgende problemlos bewältigt. Jeder Bedruckstoff hat nämlich seine Eigenheiten, ja seine

Der passerhaltige Druck hängt ab vom exakten Ausrichten des Papierbogens durch die Seitenmarke...

... und vom präzisen Einstellen der Bogengreifer.

Tücken. Die vielfältigen Einstellungsvarianten der Maschinenteile und wiederum die Erfahrung des Druckers gewährleisten das Laufverhalten jeder Papier- oder Kartonqualität.

Die schnellaufende Bogenoffsetmaschine ist ausgerüstet mit dem Schuppenanleger. Das Prinzip der Staffelung lässt dem Bogen genügend Zeit für das ruhige Ausrichten zur passergenauen Anlage. Ausgeklügelte mechanische und pneumatische Systeme garantieren dies sowohl seitlich wie auch an der vorderen Bogenkante. An beiden Stellen sind die Vorgänge mit Lichtschranken gesichert. Sobald Bogen schräg eintreffen, wird der Einlegeapparat abgestellt und die Druckwerke ausgekuppelt. Fremdkörpersperren, Doppelbogenkontrollen und Überlaufabtaster schützen ferner die Maschine vor möglichen Beschädigungen. Ihre präzise Einstellung und Kontrolle obliegen dem Drucker genauso wie die bereits erwähnten übrigen Justierungen.

6. Gegendruckzylinder

Bei der praktischen Arbeit auf Druckmaschinen ist häufig die Rede von Abwicklung. Von der idealen Druckabwicklung spricht man dann, wenn die Druckzone, in der das Bild von einem auf den anderen Zylinder übertragen wird, genau im Teilkreis der Antriebszahnräder liegt. Die Zylinderumfänge müssen auch nach angebrachten Aufzügen gleich lang sein.

Allein diese Aussagen lassen erkennen, wieviel mechanisches Verständnis vom Drucker verlangt wird. Von der exakten Druckabwicklung hängen der punktscharfe Ausdruck der Bilder, die Gebrauchsdauer oder sogenannte Standzeit der Platte und schliesslich der Schutz der Druckmaschine vor Überbeanspruchung ab. Mit der Dicke des Plattenaufzugs legt der Drucker die Abwicklungslänge fest. Platten und Gummituchaufzugdicken müssen neben der Druckbeistellung in einem engen Spielraum aufeinander abgestimmt sein. Je nach Papier- und Kartonstärke

Schritte zum industriellen Drucken. Messstreifen und Messkeile in Verbindung mit Farb-Densitometern (und neu mit Spektrofotometern) dienen zur Überwachung der Farbgleichmässigkeit über eine ganze Auflage.

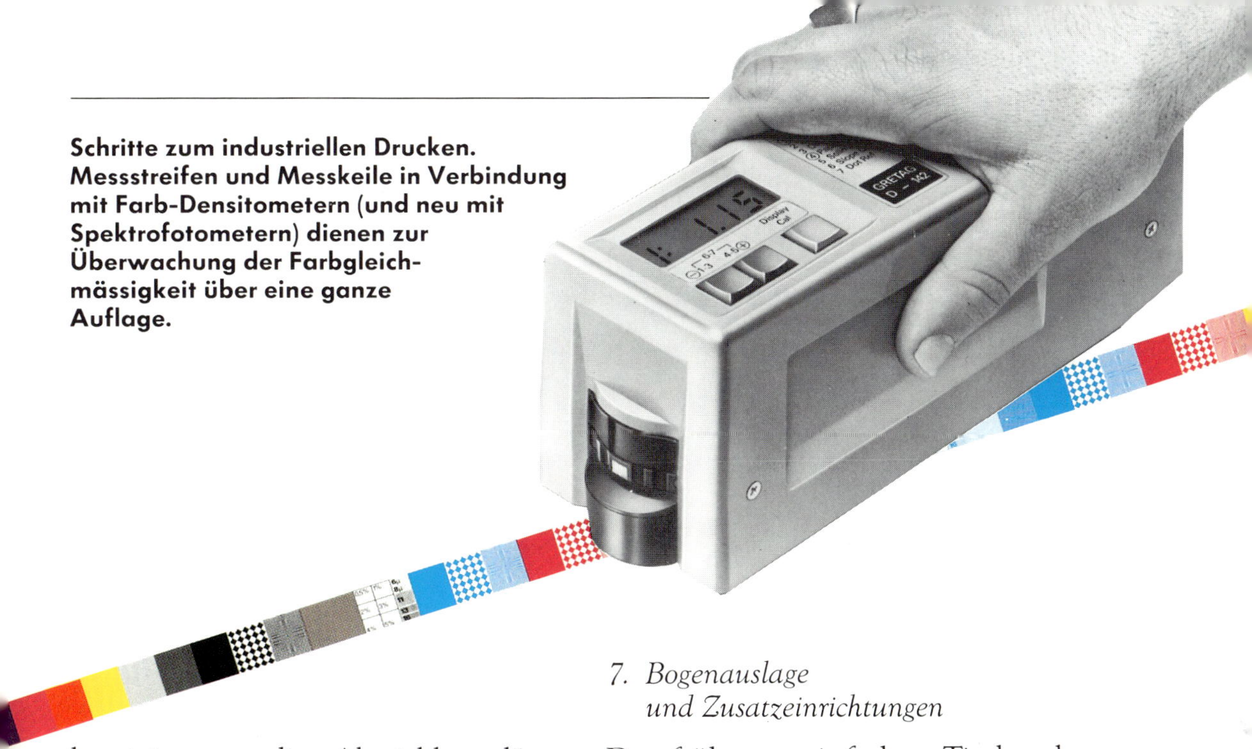

korrigiert er die Abwicklungslänge und je nach Bedruckstoffoberfläche die Druckspannung, mit anderen Worten die Abstände zwischen Gummituch- und Gegendruckzylinder.

Umstellen auf den gleichzeitigen Schön- und Widerdruck. Der direkte Eingriff in den mechanischen Bewegungsablauf der Druckmaschine verträgt keine Fehlmanipulationen.

7. Bogenauslage und Zusatzeinrichtungen

Der früheren, einfachen Tischauslage folgten komfortable Nonstop-Bogenausleger. Präzises Einstellen durch den Drucker vorausgesetzt, gelangen die frisch gedruckten Bogen, ein- oder mehrfarbig, vorder- und/oder rückseitig bedruckt, schmierfrei in die Auslage. Ein System mit Kettengreifern erledigt diese Arbeit. Der Drucker reguliert innerhalb dieses Bogentransportweges die Saug- und Blasluft, die Öffnung der Greifer und die Bogenabbremsung.

Bestäubungspuder verhindern das Ablegen der frischen Druckfarbe auf die Rückseite des nächstfolgenden Bogens im Auslagestapel. Die Wahl der Puderkorngrösse richtet sich nach der Farbdichte sowie nach der Rauhigkeit und dem Saugverhalten der Bedruckstoff-Oberfläche. Weil weder zuviel noch zuwenig gepudert werden darf, ist die Wahl des geeigneten Puders mit der genau dosierten Menge wichtiger Teil im Wissens- und Erfahrungsbereich des Druckers.

Bogenausleger mit Nonstop-Vorrichtung. Zum Schutze des Menschen sind während des Fortdrucks alle rotierenden und schwingenden Maschinenteile mit Gittern gedeckt und diese mit Endschaltern gesichert.

Drucker, Fachrichtung Bogenoffset, kurz Offsetdrucker. Stichprobenkontrolle auf Unregelmässigkeiten hin beim Überwachen des Fortdrucks.

Weitere Elemente in der Maschinenauslage, vorab an grösseren Modellen, sind Bogenglätter und Trocknungshilfen. Sie kommen fallweise zum Einsatz, und das Resultat ihrer Wirkung untersteht den wachsamen Augen des Maschinenführers.

Es gibt weitere Zusatzeinrichtungen, die der Drucker kennen und bedienen muss, nämlich Numerier- und Perforierwerke, die meistens bei kleinformatigen Maschinen angebracht sind. Moderne grossformatige Bogenoffsetmaschinen verfügen auch über ein Lakkierwerk. Rollenoffsetdrucker müssen zudem den direkt angebauten Falzapparat beherrschen. Ihnen sind im weiteren die Bedienung und Überwachung von sogenannten Falzhilfen, Bogeneinsteck- und -einklebevorrichtungen sowie Adressiersystemen anvertraut.

Drucker, Fachrichtung Kleinoffset, Kleinoffsetdrucker genannt.
In sein Auftragsgebiet fallen kleinformatige, ein- und mehrfarbige Drucksachen, sofern nötig auch numeriert.

Drucker, Fachrichtung Rollenoffset, Rollenoffsetdrucker.

Drucker, Fachrichtung Formulardruck, Formulardrucker. Auf der speziellen Formulardruckmaschine entstehen zickzack gefalzte, querperforierte Endlosformulare. Die seitliche Transportlochung ermöglicht den schnellen Durchlauf auf Printern von EDV-Anlagen. Daher gelegentlich auch die Bezeichnung «Computerformulare».

DER TIEFDRUCKER

Die Vorläufer des Tiefdruckverfahrens

Auf der Suche nach einer rationellen Möglichkeit, geschriebene Informationen zu vervielfachen, erfand Johannes Gutenberg den Buchdruck. Der Wunsch, auch Bilder und Musiknoten zu reproduzieren, war mehr als 300 Jahre später ausschlaggebend dafür, dass Alois Senefelder den Flachdruck in der Form der Lithografie entwickelte. Das Verlangen nach Verwirklichung rein künstlerischer Vorhaben war es schliesslich, das etwa zur gleichen Zeit zum Bildabzug ab geätzten Tiefdruck-Metallplatten führte.

Kupferstiche, Kaltnadelradierungen, Aquatinta und Mezzotinto sind die Vorläufer des heutigen Tiefdrucks. Goldschmiede und Kupferstecher gehörten zu seinen Wegbereitern und entwickelten diese manuellen Verfahren im 17. Jahrhundert zu den beherrschenden Techniken der Buchillustration. Noch heute werden sie vielerorts von Künstlern praktiziert. Der entscheidende Vorstoss in die industrielle Tiefdruckherstellung stand im Zusammenhang mit der Erfindung der Fotografie. Der eigentliche Erfolg der fotomechanischen Bildübertragung gelang ca. 1880 dem böhmischen Maler Karl Klietsch. Er erfand die tiefenvariable Rasterätzung und lancierte damit den Tiefdruck als industriellstes aller Druckverfahren.

Zylinderherstellung einst und jetzt

Mittelpunkt der beruflichen Tätigkeit des Tiefdruckers war während Jahren die Vorbereitung und Herstellung der Druckzylinder, Kernstücke jeder Tiefdruck-Rotationsmaschine. Im Laufe dieses Jahrhunderts schuf man dafür den speziellen Beruf des Tiefdruckätzers. Innerhalb der letzten 10 Jahre wurde die Ätzung fast vollständig von der elektromechanischen Zylindergravur abgelöst. Daraus entstand der neue Beruf des Tiefdruckgraveurs, das entsprechende Ausbildungsreglement dürfte 1990 in Kraft treten.

Dem Ätzvorgang ging ein sehr aufwendiges und minutiöses Belichtungs- und Übertragungsverfahren voraus.

Geätzter Zylinder. Auf dem Weg zum fertigen Zylinder braucht es zahlreiche Arbeitsschritte und trotz Ätzautomaten viel manuelle Abdeckretusche- und Korrekturarbeit.

Die Ätzung erfolgte jahrelang von Hand. Das erforderte viel Fingerspitzengefühl. Erst im Laufe der Zeit wurde der Vorgang allmählich durch halb-, später sogar vollautomatische Ätzmaschinen ersetzt, um mögliche Schwankungen oder individuelle Fehler auszumerzen und die Herstellung als solche zu beschleunigen.

Bei der neuen, modernen Form der Zylinderherstellung bedient man sich der elektronischen Zylindergravur. Die

Ehemalige Herstellung des Druckformenzylinders. Querschnitt der geätzten Kupferhaut, stark vergrössert dargestellt. Unterschiedliche Näpfchentiefe bewirkt die Abstufung von hellen bis dunklen Farbtönen (tiefenvariabel).

Rationelle, zeitgemässe Herstellung der Druckformenzylinder. Querschnitt der gravierten Kupferhaut, stark vergrössert dargestellt. Die Gravurtechnik ist flächen- und tiefenvariabel. Grössere und tiefere Näpfchen enthalten mehr Farbe und drucken daher dunkler, kleinere und weniger tiefe Näpfchen enthalten weniger Farbe und drucken daher heller.

Gravierte Zylinderoberfläche, mikroskopisch vergrössert. Kleine Näpfchen links, grössere Näpfchen rechts.

meist zweiteiligen Anlagen bestehen aus einer Abtast- und einer Graviereinheit, ergänzt durch den Bedienungsplatz und die notwendigen Steuer-, Rechen- und Speichereinheiten.

Im Unterschied zur «klassischen» Halbtonvorlage, wie sie bei der Ätzung verwendet wurde, werden heute normale Rasterlithos abgetastet. Aus den optischen Reflexionssignalen entstehen auf dem Weg über digitale Daten elektrische Impulse, die den diamantenen Gravierstichel steuern.

Entsprechend der Vorlage entstehen tiefere und weniger tiefe Näpfchen, die sich zudem in der Grösse unterscheiden. Die Wiedergabe der Tonwerte erfolgt demnach durch tiefen- und flächenvariable Näpfchen. In naher Zukunft wird man direkt ab Daten aus

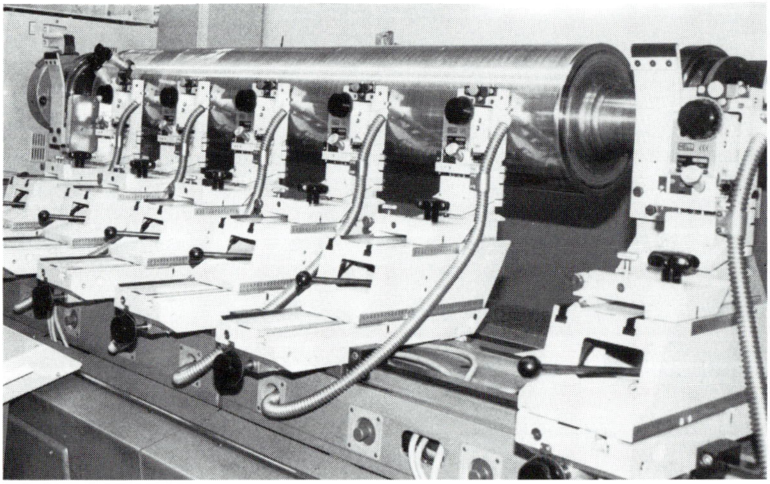

Mehrere elektronisch gesteuerte Diamantnadeln gravieren gleichzeitig auf demselben Zylinder.

Elektronische Zylindergravuranlage. Durch optische Signale und elektrische Impulse wird das Druckbild in Form von flächen- und tiefenvariablen Näpfchen aufgerastert und in die Kupferhaut eingraviert. Die Vorlagenabtastung befindet sich rechts, die Zylindergravur links im Bild. Die Bedienung solcher Anlagen ist dem Tiefdruckgraveur anvertraut.

Bildverarbeitungssystemen gravieren und Mitte der neunziger Jahre die elektromechanische Gravur durch die Elektronenstrahlgravur ergänzen.

Der Druckzylinder besteht aus Stahl mit einer fest haftenden Grundkupferschicht und der abziehbaren Kupferhaut. Nach dem Gravieren in die Kupferhaut erhält deren Oberfläche eine Verstärkung mit Chrom. Ist der Druckauftrag beendet, lässt sich die verchromte Kupferhaut problemlos vom Grundkupfer entfernen und der Zylinder wieder neu aufkupfern. Dabei bedienen sich die Tiefdrucker der Galvanotechnik und bereichern damit ihr Berufsbild mit Kenntnissen einer weiteren Berufsgattung.

Für den Druck muss der gravierte Kupferzylinder verchromt werden.

Auch der Falzapparat gehört dazu.

Tiefdrucker beim Einrichten der Maschine.

Der Druckvorgang

Ob in handwerklicher oder in industrieller Form, das Prinzip des Tiefdrucks bleibt das gleiche: Farbe im Überschuss auf eine gestochene oder tiefgeätzte Druckplatte auftragen, einreiben oder einfüllen und nachher auf das Niveau der Druckplattenoberfläche abwischen oder abrakeln. Zwischen den Näpfchen liegende Rasterstege erfüllen dabei die wichtige Stütz- oder Tragfunktion gegenüber der Krafteinwirkung des Rakels. Je tiefer oder breiter das Näpfchen, desto grösser ist die darin verbleibende Farbmenge, und je grösser die Farbmenge, desto dunkler der spätere Farbton auf dem bedruckten Material. Beim Drucken steht die Papierbahn in direktem Kontakt mit dem Formenzylinder. Für die

Register- und Passergenauigkeit der gedruckten Exemplare werden mit Fotosensoren über die laufende Bahn gemessen...

Übertragung der Farbe aus den Rasternäpfchen ist eine hohe Druckkraft nötig, denn zwischen dem Druckzylinder und dem Bedruckstoff darf keine Luft mehr vorhanden sein. Unmittelbar bei der Farbübertragung entsteht ein Vakuum. Dabei wird die Farbe aus den Näpfchen gesogen. Auf neuen Anlagen wird der Vorgang durch elektrostatische Druckhilfen unterstützt.

Auch der Rollenwechsel wird von der Bedienungszentrale aus vorgenommen. Ist eine Papierrolle zu Ende gedruckt, erfolgt der Wechsel fliegend auf die nächstfolgende. Nur die exakte Vorbereitung garantiert den einwandfreien Übergang.

Was drucken Tiefdrucker?

Die aufwendige und teure Druckformenherstellung ist ein Grund dafür, weshalb der Tiefdruck fast ausschliesslich bei Grossauflagen zum Einsatz kommt. Das Auftragsvolumen reicht von der Illustrierten über Versandhauskataloge bis zu Massenauflagen bei Prospekten oder Gesetzesvorlagen. Seine unbestrittenen Vorteile sind: hohe Druckgeschwindigkeit, originalgetreue Bildwiedergabe auch auf dünnsten Papieren und ausserordentlich konstante Farbhaltung vom Anfang bis zum Ende auch bei höchster Druckzahl. Der breite Einsatz im Verpackungstiefdruck liegt in der Vielfalt der Bedruckstoffe, angefangen beim Halbkarton für Zigarettenpackungen über zahlreiche Kunststoffe bis zum Aluminiumverbund. Mit brillanten Farbbildern und glitzernden Resultaten bei Verwendung metallisierter Farben spielt er seine Überlegenheit aus. Im Wertschriften- und Wertzeichendruck hat der Tiefdruck seinen unangefochtenen Platz, und, last but not least, entstehen dort die wertvollsten Prestige- und Privatdrucksachen mit der typischen Hochprägung, im sogenannten Stahlstich-Tiefdruck.

... und vom Bedienungsleitstand aus überwacht und gesteuert.

Zum Wertschriften- und Wertzeichendruck gehören zum Beispiel Bank-

Rotativer Briefmarkendruck. Grundlage für den Stichtiefdruckzylinder bildet eine Originalplatte, mit äusserster Präzision graviert.

noten, Eurochecks, Briefmarken, Pässe, Ausweise, Billette usw. Der Tiefdruck, oft kombiniert mit einem weiteren Druckverfahren, erfolgt für diese Sparte unter strengsten Sicherheitsvorkehrungen und fordert die betroffenen Berufsleute in mancherlei Hinsicht. Zunächst stellen alle diese Druckprodukte aussergewöhnliche Ansprüche an die Einhaltung einer immer gleichbleibenden Qualität. Schwankungen im vom Auge wahrnehmbaren Bereich sind unzulässig. In den Wertschriftendrucker werden sehr hohe charakterliche Erwartungen gesetzt. Er übt seine Tätigkeit unter speziellen vertraglichen Vereinbarungen aus und geniesst weltweit einen ausgezeichneten Ruf.

Tiefdrucker meistern Grossanlagen

Allgemein verbreitet ist der Rollentiefdruck. Bogentiefdruckmaschinen trifft man nur selten, dies im krassen Gegensatz zum Offset. Anlagen mit vielen Druckwerken sind die Regel. Tiefdrukker müssen sich bereits als Lehrlinge von Beginn weg an Grossanlagen gewöhnen; Verantwortung und die berufliche Belastung sind entsprechend hoch. Für die Überwachungsfunktionen steht dem Drucker eine umfassen-

Eine Domäne des Tiefdruckers: der Wertschriftendruck. Mehrfarbig gedruckt, numeriert und perforiert verlassen Briefmarken die Rotationsmaschine.

Drucken mit höchster Genauigkeit. Passerdifferenzen und Farbschwankungen sind bei Wertzeichen und Wertschriften unzulässig. Im Falle von Briefmarken gilt es, den spezialisierten Sammlern von Fehldrucken das «Handwerk zu erschweren» und Fälschungen zu verhindern.

de Steuer- und Regeltechnik zur Verfügung. Sie hilft beim automatischen Rollenwechsel, bei der Bahnführung und schliesslich beim exakten Aufeinanderpassen des Mehrfarbendrucks.

Auf den Hochleistungsmaschinen könnte der Drucker die Gesamtkontrolle ohne technische Hilfe nur ungenügend ausüben. In zunehmendem Masse werden daher Computer eingesetzt, die Schwankungen anzeigen und Korrekturen selbständig ausführen. Dies gilt sowohl für den Druck wie für die hochkomplizierten Ausrüstungsvorgänge, die den Rotationsmaschinen nachgeschaltet sind. Drucker jedoch steuern die Systeme und überwachen die Maschinenfunktionen.

Wertschriften und Wertzeichen sind kleine Kunstwerke. Bis zu ihrer Druckreife sind umfangreiche Vorarbeiten notwendig. Das Drucken im Stichtiefdruck, meist mit einem zweiten Verfahren kombiniert, stellt höchste Ansprüche.

DER SIEBDRUCKER

Vom bescheidenen Anfang zu beinahe grenzenlosen Möglichkeiten

Die Entstehung des Siebdruckverfahrens reicht zurück in die vorchristliche Zeit. Auf der Suche nach einer Möglichkeit, mehrere Festgewänder in Serie mit Farben zu schmücken, entwikkelten die Chinesen diesen Druckvorgang. Über den Japaner Yuzensai Miyasaki (1654–1736) fand der Siebdruck im 18. Jahrhundert Einzug in die Textil- und Bekleidungsindustrie. Lange Zeit war dann vom «Yuzen-Druck» die Rede. Kurz vor der letzten Jahrhundertwende tauchte das Sieb- oder, wie man es auch nennt, Schablonendruckverfahren zum erstenmal in Europa auf. Richtig Fuss fassen konnte diese Technik aber erst in den fünfziger Jahren. Dann breitete sie sich sowohl für künstlerische wie auch für gewerbliche und industrielle Zwecke etwa gleichermassen stark aus. Ein neuer Beruf entstand, der in den siebziger Jahren vom BIGA und der deutschen Handelskammer ein Reglement bekam und seither in dreijähriger Ausbildung mit einer Abschlussprüfung erlernt werden kann.

Siebdrucker bedienen sich einer Technik, die das Bedrucken einer fast unbegrenzten Vielzahl von Bedruckstoffen und Materialien erlaubt, neben Papieren und Kartons beispielsweise Glas, Holz, Metall, Textilien und Kunststoffe. Es ist das einzige Druckverfahren, das nicht nur flächige Gebilde wie Papierbogen oder Platten, sondern auch runde oder kantige Körper wie Schachteln, Röhren oder andere Gegenstände mit freien Formen, zum Beispiel Vertiefungen, bedrucken kann. Siebdruck wird von Handwerkern und Künstlern ausgeführt, wobei letztere eher die Bezeichnung Serigrafie verwenden.

Die Zubereitung der druckfähigen Schablone

Ein wesentlicher Teil der beruflichen Tätigkeit umfasst die Herstellung der Schablone. Zunächst muss der Drucker ein für den vorgesehenen Auftrag am besten geeignetes Kunststoffgewebe als Sieb auf einen Holz- oder Metallrahmen spannen und seitlich befestigen.

Für das Aufspannen bedient er sich einer Maschine, die einen auf allen vier Seiten gleichmässigen Zug sicherstellt. Die Befestigung am Rahmen erfolgt mit Kontakt- oder Zweikomponentenklebern. Das fertig aufgespannte Flachsieb muss er anschliessend mit einer Entfettungschemikalie, zum Beispiel Natronlauge, reinigen und je nach Gewebeart zusätzlich aufrauhen.

Die aus dem Sieb hervorgehende eigentliche Druckschablone entstand früher ausschliesslich durch das manuelle Ausschneiden des Drucksujets in Form einer Maske. Das Schneiden von Hand ist inzwischen durch fotomechanische Techniken ersetzt worden. Der Weg führt von der lichtempfindlichen Beschichtung des Siebs über das Belichten zum Entwickeln. Die mit Lichtstrahlen getroffenen Stellen erhärten sich und schliessen dabei die Siebmaschen, die übrigen Partien bleiben nach dem Entwickeln durchlässig und bilden die eigentlichen Druckstellen.

Eine neue Chance hat die Schnittschablone erfahren durch die CAD-CAM-Systeme. Mit ihnen lassen sich Flächenzeichnungen und Schriften elektromechanisch unter Einsatz von Bildschirmgrafik auf Maskierfilme schneiden.

Drucken im Siebdruck – vom Handsieb zum Vollautomaten

Von der einfachen Handdruckschablone, bei der die Werkzeuge getrennt und ortsunabhängig einsetzbar sind, bis zu hochentwickelten, vollautomatischen Anlagen existiert eine ganze Anzahl verschiedener Geräte oder Maschinen, mit denen der Drucker umzugehen hat. Je nach Auflagenhöhe, Art des Druckauftrags und den gegebenen technischen Möglichkeiten gelangt die eine oder andere maschinelle Einrichtung zum Einsatz. Das Grundprinzip

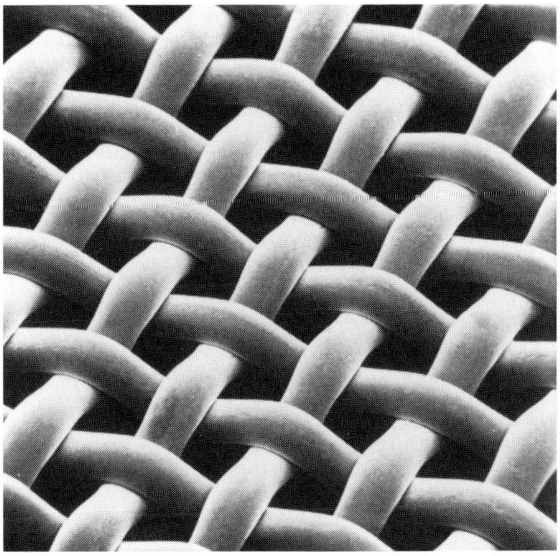

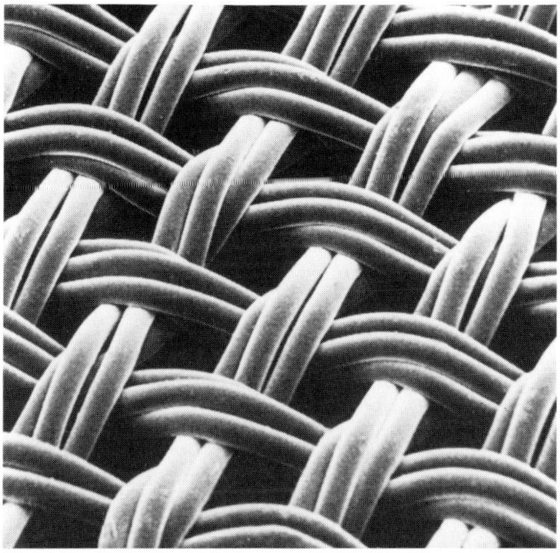

Schablonensiebe unter dem Mikroskop. Die Feinheit der Maschen richtet sich nach dem Bedruckstoff und der gewünschten Druckqualität. Kenntnisse über Siebbeschaffenheit sind die Grundlagen für die Wahl des richtigen Siebs (monofiles und multifiles Gewebe).

«Bogeneinlage – Einfärben – Farbübertragung – Bogenauslage» bleibt immer gleich. Ein Rakel presst die auf die Schablone gebrachte Farbe durch die für das Drucksujet offengebliebenen Maschen auf den darunterliegenden Gegenstand.

Die Tischschwinge besitzt eine feste Siebhalterung. Mit einem Scharnier an einer Tischkante befestigt, lässt sie sich hochklappen. Alle Bewegungen werden hier, eine nach der anderen, vom Drucker noch von Hand ausgeübt. Der Halbautomat übernimmt das Kippen des Siebs und die nachfolgende Rakelbewegung selbständig. Beim Dreivierteautomaten geschieht lediglich noch das Einlegen von Hand, meistens durch eine Hilfskraft, während beim Vollautomaten alle Bewegungen selb-

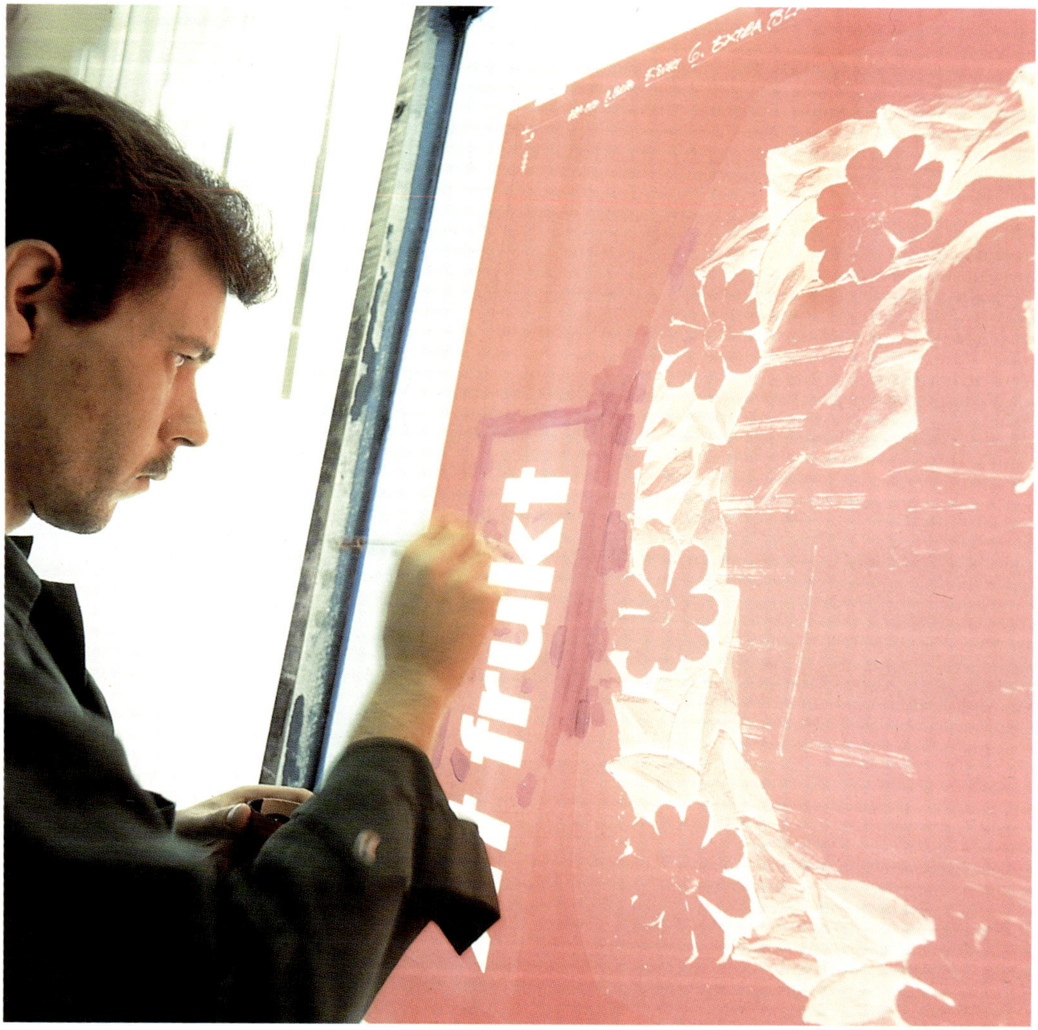

Siebdrucker beim Retuschieren der druckfähigen Schablone. Neben technischem Verständnis braucht es Handfertigkeit.

Vollautomatische Siebdruckstrassen erlauben eine industrielle Produktion. Nur professionelle Bedienung und Wartung der Produktionsanlage führen nebst der gewünschten Qualität zu einer brauchbaren quantitativen Leistung.

ständig ablaufen. Der Drucker kann sich auf die Überwachung der Maschine, den Druckvorgang und auf die Qualität konzentrieren. Diese Maschinen haben wesentlich höhere Leistungen.

Ist der Bedruckstoff flach und biegsam, kann man ihn auch mittels einer zylindrischen Druckschablone bedruk-ken. Über rundgeformte Druckkörper lassen sich hingegen ebensogut Flachschablonen abrollen. Im rotativen Siebdruck ist die Schablone zylinderförmig. Mehrere solcher Schablonen erlauben – hintereinander angeordnet – den auflagenstarken, mehrfarbigen Druck in rationellster Form. Diese Technik kommt häufig für den Textildruck zur Anwendung.

Bei unförmigen Gegenständen nutzt man die Vorteile des indirekten Druk-kens. Dazu wird in einem ersten Schritt Farbe vom Sieb seitenverkehrt auf ein Gummituch übertragen. Von diesem gelangt es mittels Vakuum, Blasluft oder Gegendruck weiter auf das Druckobjekt. Darunter einzuordnen ist der Tampondruck.

Siebdruckerzeugnisse müssen später oft grossen klimatischen und mechanischen Einwirkungen standhalten. Deshalb sind für diesen Zweck nur wetterfeste und strapazierfähige Druckträger sowie Farben verwendbar. Für die Erzielung der bestmöglichen Druck- und Trocknungseigenschaft stehen dem Drucker eine Anzahl verschiedener Farben und Zusätze zur Verfügung. Er muss die richtige Wahl treffen. Weitreichende Kenntnisse des Materials und der Wechselwirkung Druckfarbe/ Bedruckstoff gehören dazu.

Die Einsatzgebiete des Siebdrucks sind fast unbegrenzt

Hier einige Beispiele:

Plakate und Selbstkleber – speziell solche mit lichtechten oder wetterfesten Eigenschaften –, Spielzeug, Möbel, T-Shirts, Sportgeräte, Fahrzeuge, Flaschen, Becher, Kacheln, Tapeten, Dosen, Tuben, gedruckte Schaltungen, Armaturen, Werbegeschenke, Kleider, Schaufensterdekorationen usw.

Woran erkennt man den Siebdruck?

Der Farbauftrag ist im Gegensatz zu den Druckverfahren reliefartig, auftragender, leuchtend, kratzfest, lichtecht und oft angenehm duftend. Das früher gewohnte Erkennungsmerkmal der «Sägezahnkanten» an den Druckrändern gibt es im modernen Siebdruck nicht mehr; feinere Siebe, verbesserte Techniken der Schablonenherstellung und angepasste Farben sind die Gründe dafür.

Eine einfache Erkennung oder Unterscheidung von anderen Druckverfahren ist anhand bedruckter Flächengebilde nicht ohne weiteres möglich. Siebdrucke kennt man oft nur an der Art des Gegenstandes, auf dem sie angebracht wurden, denn viele Produkte lassen sich ja nur in diesem Verfahren bedrucken.

DER FLEXODRUCKER

Was ist Flexodruck?

Der Flexodruck ermöglicht das «flexible» Bedrucken der vielfältigsten Materialien für Verpackungen, zum Beispiel für Tüten, Tragtaschen, Beutel, aber auch für Geschenk- und Einwickelpapiere sowie Folien. Das Verfahren wird, was die Druckform betrifft, dem Hoch- oder Buchdruck zugeordnet. Seine hauptsächlichsten Charakteristiken sind:

- Der Druck erfolgt nur rotativ von Rolle auf Rolle. (Die ein- oder mehrfarbig bedruckte Bahn wird hinterher in einem separaten Arbeitsgang,

Typische Druckbeispiele des Flexodrucks. Neben alltäglichen Drucksachen auch solche, die vor allem Freude bereiten.

Drucker beim Einrichten. Flexodruckmaschinen sind immer Grossanlagen, meistens mit mehreren aufeinanderfolgenden Druckwerken. Der Druck erfolgt von Rolle auf Rolle.

meist vom benachbarten Beruf des Beutelmaschinenführers, ausgerüstet.)
- Die Druckfarbe ist im Gegensatz zu jener des Offsetdrucks dünnflüssig, die Farbwerke im Vergleich zu Offsetmaschinen auffallend einfach.
- Im Flexodruck werden vor allem Kunststoffe, Zellglas und Aluminiumfolien verarbeitet, aber auch Papier.

Der Beruf des Flexodruckers wurde in den sechziger Jahren mit einer offiziellen Lehr- und Prüfungsordnung reglementiert. Jahre zuvor gab es die inoffizielle Bezeichnung «Anilindrucker», benannt nach der damals verwendeten Druckfarbe. Der Flexodruck als Verfahren verbreitete sich besonders mit dem stark gewachsenen Verpackungsbedarf, beispielsweise durch den Warenverkauf in Selbstbedienungsläden und mit den Konsumgewohnheiten unserer modernen Gesellschaft.

Über die Arbeit des Flexodruckers

Der Arbeitsplatz des Flexodruckers befindet sich in einem Maschinensaal, wo meist gleichzeitig mehrere grosse Flexodruckmaschinen in unterschiedlicher Ausstattung arbeiten. Seine Tätigkeit lässt sich, ähnlich allen anderen Druckerberufen, in die Bereiche Druckformenherstellung, Einrichten der Maschine und Überwachen des Fortdrucks unterteilen.

Von der früheren ausschliesslichen Herstellung von Gummiklischees und Gummiplatten ist man weggekommen. Seit einigen Jahren verwenden Flexodrucker auch Kunststoffklischees, die durch fotografische Übertragung der Vorlage und chemisches Auswaschen entstehen. Die Vorbereitung der Druckzylinder und die passergenaue Montage der Klischees erfordern äusserst präzises Arbeiten.

Anschliessend werden, ähnlich wie im Tiefdruck, die mit den Druckplatten bestückten Zylinder in der richtigen Reihenfolge in die Flexodruckmaschine eingesetzt. Die weiteren Aufgaben sind in vielem ähnlich denjenigen der Rotationsdrucker anderer Verfahren.

Flexodrucker beim Überwachen des Fortdrucks. Jede Unregelmässigkeit erkennt er und schaltet sie mit der richtigen Massnahme aus.

DIE AUSEINANDERSETZUNG MIT DEN WICHTIGSTEN WERKSTOFFEN

Umgeben von Farbe, von sehr viel Farbe

Bis gegen die Mitte des 20. Jahrhunderts herrschte der Schwarzdruck vor. Daher auch die bereits erwähnte Berufsbezeichnung «Schwarzkünstler». Mehrfarbendrucke waren teuer, qualitativ oft unbefriedigend und daher entsprechend selten. Farbdrucke fristeten bis zu diesem Zeitpunkt ein Mauerblümchendasein.

Drucker sind umgeben von einer bunten Vielfalt an Farben.

Was Kinder oder malende Künstler in bunten Einzelexemplaren ausführen, stellt der Drucker in grosser Stückzahl her. Dazu ist viel Druckfarbe nötig, über die er sich ein breites Wissen anlegen muss. Um die Vorgänge im Farbendruck zu begreifen, sind zusätzlich grundlegende Kenntnisse der Farbenlehre Voraussetzung. Auf sie muss er sich verlassen können, wenn er selbst Sonderfarbtöne mischt, was neben Kopfarbeit gute Farbempfindung und zusätzlich handwerkliches Talent erfordert.

Vielfalt der Druckfarben

Anfänglich bestanden Druckfarben aus festen und flüssigen Substanzen rein natürlicher Herkunft. Heute sind sie synthetisch, und Fachleute in kleineren und grösseren Chemieunternehmen befassen sich weltweit mit deren Herstellung. Der Weg vom Erdöl als hauptsächlichstem Rohstoff bis zum Endprodukt ist sehr lang. Für den Drucker ist das Wissen über den Aufbau der Farbe und deren Zusammen-

Um Farbbilder drucken zu können, muss man sie in Rasterpunkte – im Tiefdruck Rasternäpfchen – zerlegen. Mit dem exakten Zusammendruck der einzelnen Grundfarben Cyan (Blau), Magenta (Rot), Gelb und Schwarz in Form von Rasterpunkten unterschiedlicher Grösse entstehen Mehrfarbenwirkung und Tonwertabstufungen.

setzung wichtig, um die Eigenschaften, Echtheiten oder das Trocknungsverhalten fachgerecht einschätzen zu können.

Farben sind im wesentlichen zusammengesetzt aus Pigmenten, Binde- und Hilfsmitteln sowie Zusätzen. Pigmente, auch Farbkörper genannt, sind winzig kleine Teilchen aus unterschiedlichen Substanzen und mit unterschiedlichen Verhaltensmerkmalen. Bei Schwarzfarben z. B. bestehen sie aus Russ, gewonnen aus der Verbrennung von Erdöl oder Erdgas. Bindemittel binden die Pigmente aneinander und kleben diese auf die Oberfläche des Bedruckstoffes. Je nach Farbtyp, Druckverfahren und späterem Verwendungszweck braucht es Bindemittel mit verschiedenen Eigenschaften. Ihre Grundstoffe sind pflanzliche Öle, Harze und im weiteren ebenfalls Mineralöl. Je nach Anforderung an die Farbe kommen noch Zusätze wie Wachse und Trockenstoffe dazu.

Während Farben für den Buch-, Offset- und Siebdruck eine mehr oder weniger feste Konsistenz (Pastaform) haben, sind sie im Tief- und Flexodruck dünnflüssig.

Neben den üblichen Standardfarben gibt es Spezialitäten wie Metall- und Leuchtfarben, ferner für Selbstdurchschreibepapiere die Neutralisierungsfarbe. Sie alle haben beim Drucken ihre eigenen Gesetze. Erfolg oder Nichterfolg hängen entscheidend davon ab, was der Drucker über sie weiss und wie er sie einsetzt.

Das Grundwissen über Farbenlehre beantwortet dem Drucker die Frage: *Warum sieht ein Auge rot, blau oder grün beziehungsweise farbig?*

Farben werden erst durch Licht farbig. Licht ist eine Form von Energie, bestehend aus elektromagnetischen Schwingungen, die sich in ihren Wellenlängen und in der Frequenz unterscheiden. Je nach der atomaren oder molekularen Struktur eines Gegenstandes beziehungsweise seiner Oberfläche, oder im Falle von Druckfarben je nach ihrer Beschaffenheit, werden auftretende Lichtstrahlen von dieser absorbiert oder reflektiert.

Für den Vierfarbendruck genügen gewöhnlich drei normierte Ausgangsfarben: Cyan (Blau), Magenta (Rot) und Gelb. Schwarz als Zusatzfarbe verstärkt den Bildkontrast, indem die dunklen Stellen zusätzliche Tiefe erhalten.

Aufgaben und Ziele des Druckfachmannes sind:

- Reproduktionen möglichst originalgetreu herzustellen, indem
- die einzelnen Farben in Form von Rasterpunkten passerhaltig und oh-

Blau

Gelb

Zusammendruck Blau + Gelb

Rot

Zusammendruck Blau + Gelb + Rot

Schwarz

Zusammendruck Blau + Gelb + Rot + Schwarz

Aufbau des Vierfarbendrucks. Der perfekte Mehrfarbendruck – ein Zusammenspiel von Raster, Farben, Bedruckstoff und dem Können der Drucker.

ne gegenseitige Verschmutzung neben- und übereinander gedruckt werden und
- das gleichmässige Druckergebnis in einer exakten Farbbalance über die ganze Auflage stimmt.

Wechselwirkungen zwischen Druckfarbe, Bedruckstoff und Endprodukt

Zahlreiche Schwierigkeiten können beim Drucken mit Farben auftreten, so beispielsweise ihr unerwünschtes Ablegen auf die Rückseite des nächstfolgenden Bogens, dann speziell im Offsetdruck das Aufbauen auf dem Gummituch, im Nass-in-Nass-Druck das Abstossen der nächstfolgenden Farbe, wolkiger Ausdruck, schlechte Farbtrocknung und anderes mehr. Es gehört in erster Linie zu seinem Fachwissen, dass der Drucker die Fehlermöglichkeiten rasch erkennt und die Problemlösung findet.

Die an eine Druckarbeit gestellten Ansprüche, was den späteren Gebrauch anbelangt, muss der Drucker kennen, um die Farbe optimal dem Druckträger anpassen zu können. Es gibt unter den glänzenden und matten Farben lasierende, halbdeckende und deckende. Je nach Bedruckstoff und Maschine benötigt man sie in sehr weicher bis stark zügiger Form, mehr oder weniger schnell wegschlagend oder mit der Fähigkeit, selbständig durch Oxidation oder Polymerisation zu trocknen. Ferner muss sich der Drucker bei Farben auskennen, die mit Hilfe von Wärme, zum Beispiel IR-Strahlen oder UV-Licht sofort getrocknet werden können.

Papierqualität, Ausrüstungsart und spätere Beanspruchung der Drucksache entscheiden auch darüber, ob der Drucker eine allfällige Schutzlackierung vornehmen muss. Am mehr oder weniger hohen Widerstand gegenüber Scheuereinwirkung im unlackierten Zustand zeigt sich ein wesentliches Qualitätsmerkmal der bedruckten Bogen. Ein Beispiel: Allfällige Mängel beim Bedrucken mattgestrichener Papiere werden später in Form von Druckbildverletzungen schonungslos aufgedeckt. Bei der Farbwahl entscheiden noch weitere Kriterien. Bei Plakaten beispielsweise ist es nötig, dass diese über lange Zeit lichtecht bleiben. Lebensmittelverpackungen müssen geruchsneutral sein und weiteren gesetzlichen Vorschriften entsprechen. Von Druckfarben für Kinderspielsachen erwartet man, dass sie physiologisch unbedenklich sowie speichelfest sind. An Farben für Getränkeflaschenetiketten oder für Seifenmittelpackungen werden wieder andere spezifische Anforderungen gestellt.

Bedruckstoffe aus Papier und Karton

Botschaften in Wort und Bild, technische Zeichnungen und Werke von Künstlern vervielfacht der Drucker auf Papier, Karton, Kunststoff und Verbundmaterial, kurz auf Bedruckstoffen. Kenntnisse über deren Beschaffenheit, das Verhalten im Druck sowie über die Vor- und Nachteile im einzelnen sind von grosser Wichtigkeit für das qualitative und wirtschaftliche Druckergebnis. Der Drucker muss die Qualitätsmerkmale beurteilen und bewerten können. Das Angebot an verschiedensten Bedruckstoffen ist in den vergangenen Jahren laufend gewachsen.

Eigenschaften von Rohstoffen beeinflussen den Druckprozess

Holz als hauptsächlichster Primärfaserstoff für Papier wird auf zwei Arten, nämlich in Form von Holzschliff und Zellstoff als Rohstoff eingesetzt.

Durch das Verschleifen an einem rotierenden, mit Wasser gekühlten Stein entsteht der sogenannte Holzschliff. Die Fasern sind unterschiedlich gross und enthalten die Bestandteile des Holzes wie Lignin und Harz. Die damit produzierten Papiere tragen später, je nach Zellstoffzugaben, die Bezeichnungen leicht oder stark holzhaltig. Der Drucker weiss: Solche Materialien vergilben eher, sind ungenügend alterungsbeständig und daher meist nur für kurzlebige Drucksachen einsetzbar. Nachteilig ist auch ihre geringere Rupffestigkeit, vorteilhaft hingegen die hohe Opazität, beispielsweise bei dünneren Papieren für Tiefdruckzeitschriften. Grundsätzlich muss sich der Offsetdrucker bei holzhaltigen Papieren mit weichen, dafür angepassten Farben und zugarmen Gummitüchern den gegebenen Umständen anpassen.

Für die Erzeugung von Zellstoff werden die entrindeten und zerhackten Holzteile in Säuren oder Laugen gekocht. Die so gewonnenen Fasern haben eine einheitliche Grösse und sind frei von Harz und Lignin. Damit gelten nur mit Zellstoff gefertigte Papiere als «holzfrei» und gelangen zum Einsatz bei Drucksachen für Dauergebrauch und Prestigezwecke. Im gebleichten Zustand sind diese Papiere weisser als holzhaltige und jenen bezüglich physikalischer Festigkeitseigenschaften überlegen. Im Offsetdruck entwickeln sie weniger Staubablagerung auf dem Gummituch. Ungünstiger sind aber ihre geringere Opazität und die zeit- und kostenaufwendigere Herstellung.

Das Verständnis für solche und ähnliche Zusammenhänge hilft dem Drukker besonders auch dann, wenn er als Sachbearbeiter für die Arbeitsvorbereitung oder den Materialeinkauf verantwortlich ist.

Die Faserlaufrichtung des Papiers

Mehrere Jahrhunderte kannte man die Faserlaufrichtung nicht, denn handgeschöpfte Papiere – sie waren bis zu Beginn des 19. Jahrhunderts die häufigsten Druckträger – haben keine Laufrichtung. Ihre Verwendung ist heute aus preislichen Gründen der Herstellung von exklusiven Drucksachen vorbehalten.

Bei der industriellen Papierherstellung vollzieht sich die Blattbildung in Sekundenschnelle auf der Siebpartie. Bei Maschinengeschwindigkeiten von mehreren 100 Metern je Minute orientieren sich die Fasern zur Hauptsache parallel zur Produktionsrichtung. Papier- und Kartonbogen haben daher

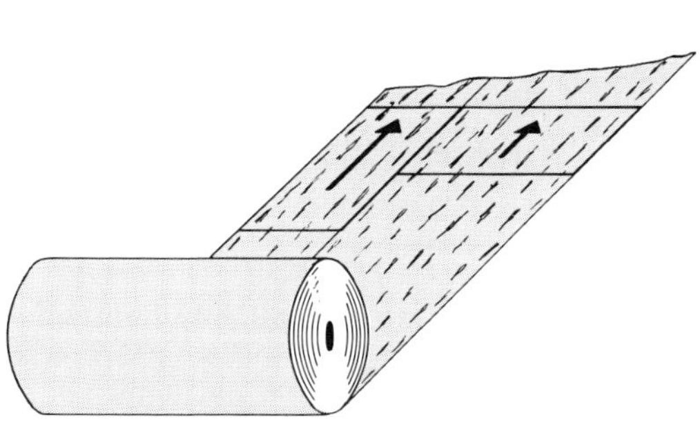

Faserlaufrichtung. Die verschiedenen Charaktermerkmale der Längs- und Querrichtung bei Papieren und Kartons kennt der Drucker und berücksichtigt sie entsprechend.

später in der Längs- und Querrichtung unterschiedliche Dehnungs- und Falzeigenschaften, die für den Drucker sehr bedeutend sind. Diese und die bezeichnenden Begriffe Schmal- und Breitband muss er kennen und auseinanderhalten.

Bei der Festlegung der Laufrichtung gilt es, eine Anzahl Forderungen des Druckers und der nachfolgenden buchbinderischen Weiterverarbeitung auf einen Nenner zu bringen. Dazu muss der Drucker die Bogenmerkmale «längs und quer» beherrschen. Je nach Flächengewicht beispielsweise, Art der Druckform und Druckmaschine müssen die Fasern längs oder quer zur Druckrichtung liegen. Das Falzen quer zum Faserlauf ist mit grösserem Widerstand verbunden als längs. Diesen nützt man geschickt aus bei der Fertigung von Faltschachteln, Mappen, Karteikarten usw. Zwangsläufig eingehalten werden muss die Laufrichtung bei Flaschenetiketten, die durch Abfüllautomaten aufgeklebt werden. Hier ist sie dafür entscheidend, ob die Etikette überhaupt verwendbar ist.

Nicht immer decken sich die Ansprüche des Druckers mit jenen des Buchbinders oder Endverbrauchers, und oftmals ist die Papierindustrie nicht in der Lage, Bogen mit dem verlangten Faserlauf anzubieten. So greift man gelegentlich zum Kompromiss. Bei der definitiven Festlegung des Faserlaufs nützen daher dem Drucker eigene Erfahrung und umfangreiche Fachkenntnisse.

Vielfalt von Papieroberflächen

Die Fähigkeit, verschiedene Papieroberflächen bewerten zu können, ist eine der wichtigsten Voraussetzungen bei den Materialkenntnissen. Bis ins 20. Jahrhundert kannte man eine einzige Oberflächenbeschaffenheit, jene des maschinenglatten Naturpapiers. Inzwischen hat sie folgende Ausweitung erfahren:

- Naturpapier matt und satiniert
- Oberflächen glänzendgestrichen
- Oberflächen mattgestrichen
- Bedruckstoffe mit verdichteten Oberflächen.

Maschinenglatte Naturpapiere genügen für reinen Textdruck und Strichzeichnungen. Einzig der Rastertiefdruck verlangt schon hier geglättete, das heisst satinierte Oberflächen, um den höchstmöglichen Kontakt zur Druckform zu gewährleisten. Satinierte, geleimte Papiere sind ferner die idealen Informationsträger für Tintenschrift und Zeichnungen. Die originalgetreue Wiedergabe von Bildern und Fotos, technisch seit dem 19. Jahrhundert möglich, erfordert für alle Druckverfahren Oberflächen mit nachträglicher Veredelung. Mit dem Pigmentstrich – Kreide oder Kaolin – entstanden glänzende und in neuerer Zeit mattgestrichene Papiere, auf denen es fortan möglich war, mit feinem Raster Bilder und Fotos bis in kleinste Details originalgetreu zu drucken.

Aus der Sicht der Be- und Verdruckbarkeit muss bei der Wahl der Druckfarbe und der Zusatzmittel auf die Oberfläche des Papiers Rücksicht genommen werden. Zusammen mit den übrigen Druckbedingungen beeinflussen sie die Farbtrocknung und Scheuerfestigkeit. Ferner richtet sich die Feinheit des einzusetzenden Rasters

Bedruckstoff-Oberflächen unter dem Mikroskop (Vergrösserungen ca. 200fach).

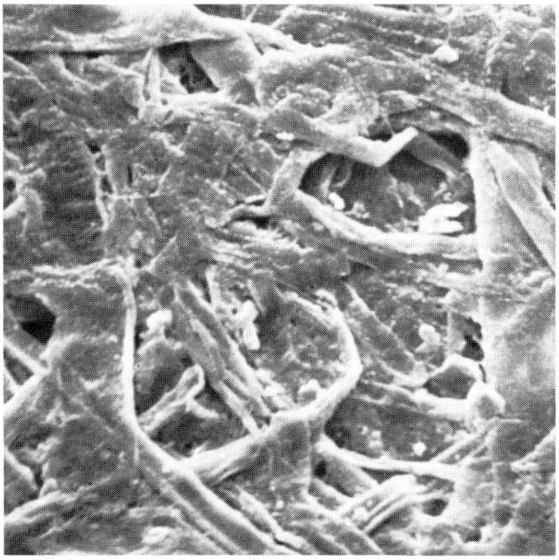

Naturpapier maschinenglatt. Die Oberfläche ist rauh und offen. Für den Bilderdruck wählt man einen groben Raster. Farbe kann durch Wegschlagen trocknen.

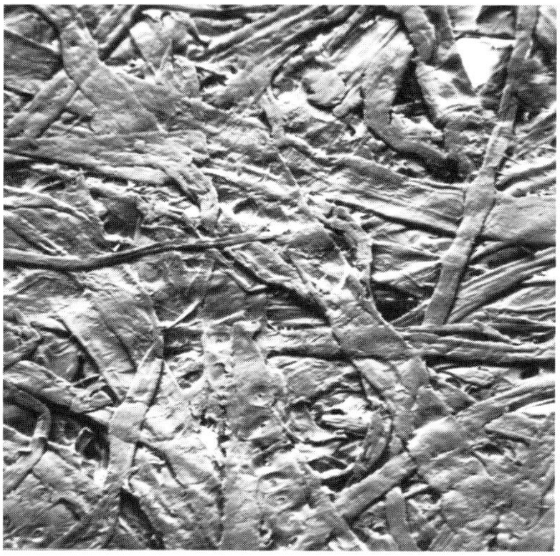

Naturpapier satiniert. Die Oberfläche ist geglättet, wodurch die Fasern verdichtet werden. Die Farbe muss entsprechend angepasst sein.

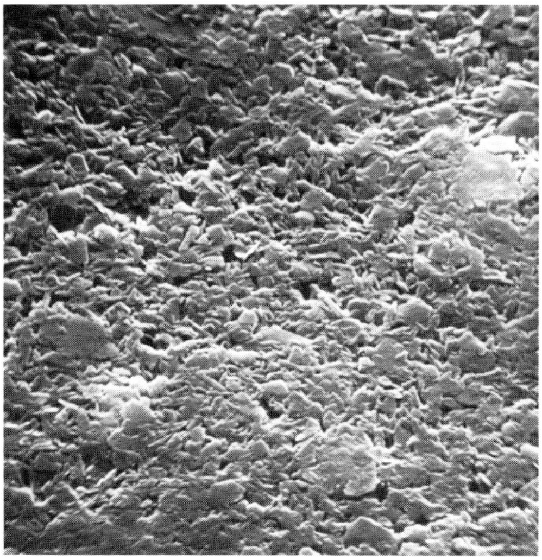

Kunstdruckpapier glänzend.
Die Papieroberfläche wird mit einem Pigmentstrich veredelt. Mit seiner Kapillarenstruktur bietet er die Grundlage zu einem brillanten, punktscharfen Druck mit guter Farbtrocknung.

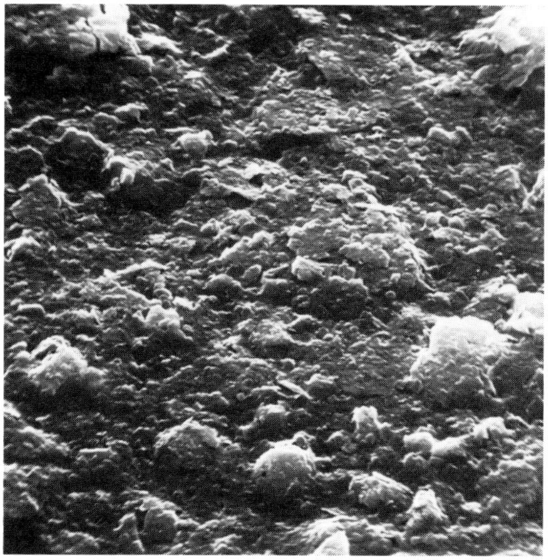

Kunstdruckpapier mattgestrichen.
Die Oberfläche ist mikrokörnig. Zur Erreichung guter Farbtrocknung und Scheuerfestigkeit muss der Drucker zahlreiche Vorkehrungen treffen.

beim Bilderdruck nach der Papieroberfläche. Es ist auch zu entscheiden, ob die gedruckten Stellen in einer zusätzlichen Nachbehandlung lackiert oder laminiert werden müssen. Die Ausweitung der Sortenvielfalt und die daraus resultierenden zusätzlichen Möglichkeiten verlangen vom Drucker immer mehr Wissen über chemische und physikalische Zusammenhänge. Begriffe wie Oberflächen- und Grenzflächenspannung, Oxidation, Benetzungs-, Wegschlag- und Saugverhalten wandelten und erweiterten nach und nach sein Fachwörtervokabular.

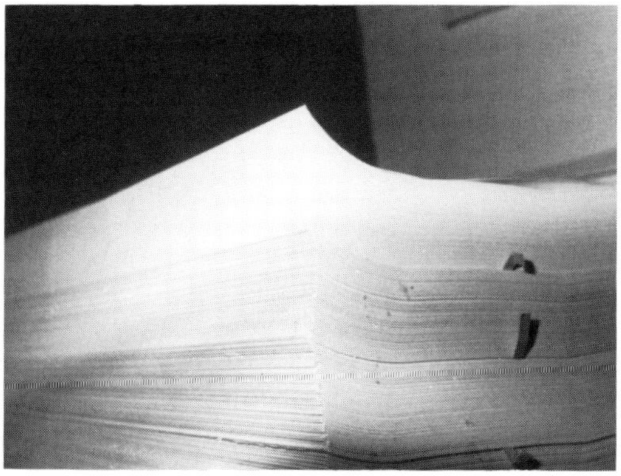

Papierstapel mit starker Verformung. Der Drucker weiss um atmosphärische Einflüsse und trifft Massnahmen, die Bedruckstoffe davor zu schützen.

Papier ist wetterfühlend

Papiere und Kartons, aus vegetabilen Fasern hergestellt, sind hygroskopisch. Auf Feuchtigkeits- und Temperaturschwankungen reagieren sie durch eine Veränderung ihrer Formatgrösse, Dehnung oder Schrumpfung. Diese naturgegebene und damit unumstössliche Eigenschaft ist dem Drucker geläufig, und er muss in der Lage sein, sie einzuschätzen. Klimaeinflüsse am unbedruckten Rollen- oder Bogenpapier, beispielsweise durch unsachgemässe Verpackung oder Behandlung verursacht, verändern die ursprüngliche Planlage. Spätere Einflüsse während des Druck- oder Ausrüstungsprozesses können überdies zusätzliche Schwierigkeiten bewirken.

Die Einhaltung des erforderlichen Klimas in den Druck- und Verarbeitungsräumen wie die Messung der Gleichgewichtsfeuchte am Material ist daher laufend zu kontrollieren. Der moderne Drucker verfügt über umfassende Klimakenntnisse und weiss, wie er mit seinen Bedruckstoffen umgehen muss, um diese vor schädlichen Einflüssen zu schützen. Er ist sich bewusst, dass sich Fasern in der Querrichtung um ein Mehrfaches dehnen oder schrumpfen können als in der Längsrichtung. Wo ein Druckbogen mehrere Durchgänge passerhaltig überstehen muss, wählt er die günstigere Faserlaufrichtung und trifft gleichzeitig weitere vorsorgliche Massnahmen, um das Risiko bei eventuellen klimabedingten Formatveränderungen möglichst klein zu halten.

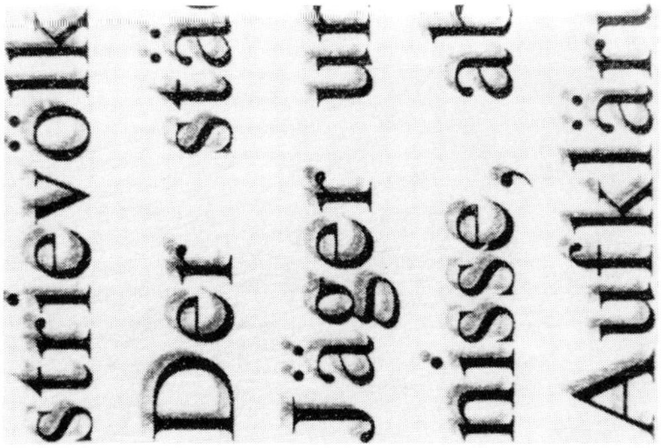

Fehlererscheinung: Doublieren. Ungewolltes, nochmaliges Mitdrucken des Schriftbildes.

Passerdifferenzen. Die einzelnen Rasterpunkte liegen verschoben. Vorbeugen und Beheben derartiger Druckschwierigkeiten sind elementare Teile des Druckerberufs.

Papiere und Kartons – nicht mehr die einzigen Bedruckstoffe

Über viele Jahrhunderte war Papier und Karton der einzige Schreib- und Bedruckstoff. Kunststoffe als Druckträger sind Erfindungen dieses Jahrhunderts. Sieb- und Flexodrucker mussten sich von Beginn an mit ihnen auseinandersetzen, Tiefdrucker dagegen nur im Verpackungsbereich. Zunehmend hat sich heute auch der Offsetdrucker mit der Bedruckbarkeit anderer Materialien als Papier und Karton zu befassen, so zum Beispiel mit Kunststoffen verschiedener Beschaffenheit, mit Kunststoff-Selbstklebefolien und Verbundmaterialien wie auch mit auf Papier kaschierter Aluminiumfolie. Weil deren Oberflächen meistens nicht saugfähig sind, gilt es, neben dem Einsatz von Spezialfarben, die weiteren Voraussetzungen für ein günstiges Umfeld beim Drucken zu schaffen. Nur mit umfassenden Materialkenntnissen und einem professionellen Vorgehen ist der Erfolg garantiert. Der Spielraum zwischen Gelingen und Nichtgelingen ist meist sehr schmal, entsprechend gross die Verantwortung des Druckers. Letztere vor allem auch deshalb, weil es sicht stets um sehr teure Bedruckstoffe handelt.

Sieb-, Flexo- und Verpackungstiefdruck sind die prädestinierten Verfahren für das einwandfreie Verarbeiten von Kunststoffen. Im Bereich der Lebensmittel sind diese unersetzlich, denn nur sie bieten gleichzeitig die erforderliche Aroma- und Wasserdampfdichtigkeit, hohe Festigkeitseigenschaften im nassen und trockenen Zustand, selbst bei niedrigen Flächengewichten. Die meisten Kunststoffe sind auch verschweissbar, gut opak oder glasklar. Um den hohen Anforderungen der Lebensmittelgesetzgeber nachzukommen, müssen die Druckfarben scheuerfest, geruch- und giftfrei sein. Die richtige Farbwahl und ein breites Drucker-Know-how sind von grösster Bedeutung.

AUS- UND WEITERBILDUNG

Von ursprünglichen Widerständen zur Öffnung

Weiterbildung bedeutet stets eine Auseinandersetzung mit Neuem, mit Unbekanntem. Äussert man dabei Misstrauen und Unbehagen, ist das menschlich. Widerstände sind oftmals nur deshalb vorhanden, weil man dabei liebgewordene Gewohnheiten aufgeben muss.

Das Misstrauen allem Neuen gegenüber war früher stärker vorhanden als heute. Misstrauen und Angst äusserten die Drucker älterer Generationen oft spontan. So beispielsweise versuchte die Zunft der Basler Drucker 1772 auf die Regierung Druck auszuüben, den Gebrauch einer verbesserten Handpresse zu verbieten. Koenigs Schnellpresse musste 1814 in der Druckerei der «Times» heimlich aufgestellt werden, da man Handgreiflichkeiten seitens der Drucker befürchtete. Nur wenig später zerstörten Druckergesellen in Paris neue, importierte Druckmaschinen. Gegen jede Form von Verbesserungsvorschlägen setzten sie sich zur Wehr, denn sie fühlten sich in ihrer Ruhe gestört.

Für die damaligen Drucker hat man Verständnis, wenn man weiss, dass die Akzeptanz von Neuem und die damit verbundene Aus- und Weiterbildung während Jahrzehnten weder nötig noch gefragt war. Verbesserungen jeder Art stiessen ganz allgemein auf wenig Interesse, und altgewordene Methoden des Druckens hielten mit der Nachfrage jederzeit Schritt.

Bildungshunger und allgemeine Schulpflicht auf der einen Seite, das Ende des Zunftzwangs und die technischen Fortschritte auf der anderen brachten in der ersten Hälfte des 19. Jahrhunderts die Wende. Die Nachfrage der Menschen nach Weiterbildung stieg generell, und mit der Gründung von Gewerkschaften schlossen sich die Drucker innerhalb dieser Arbeitnehmerorganisationen zu eigenen Berufsgruppen zusammen. Ihre Ziele waren:

- Weiterbildung zu betreiben
- Erfahrungen auszutauschen
- die Kollegialität zu fördern.

Umfangreiche Protokolle und Jubiläumsschriften von Druckervereinigungen erbringen den Nachweis wachsender Bildungsaktivitäten. Während Abendveranstaltungen und Freizeitkursen erfasste man lückenlos jede wichtige Neuerung und machte sich mit ihnen vertraut.

Vorträgen über neue «Druckerschwärze», einheitliches Zurichten usw. folgten Besichtigungen neuer Maschinen oder Einlegeapparate, um sich diese fachkundig erklären zu lassen, ferner Kurse über Farbmischen, Klischeemontage und anderes mehr.

Oft mussten sich die Drucker in früheren Zeiten auch für die Gesundheit und Sicherheit am Arbeitsplatz wehren. Am Schweizerischen Maschinenmeistertag 1894 stellte beispielsweise die Sektion Basel dem Zentralvorstand folgenden Antrag:

a Das Fabrikinspektorat ist anzuweisen, mehr als bisher auf Verbesserungen der sanitären Verhältnisse in den Buchdruckereilokalitäten zu achten.
b In den Arbeitslokalitäten sollen keine Motoren ohne genügende Verschalung und ohne Ventilation geduldet werden.

Und ein weiteres Beispiel: Nachdem erstmals Druckmaschinen mit Flüssigkeitsbestäubern ausgerüstet waren, klagten auch schon die ersten Drukkerkollegen über Atembeschwerden. Nach einem Versammlungsbeschluss 1949 beauftragte man den Kantonschemiker, die Substanz zu untersuchen. Aufgrund deren Zusammensetzung riet er, auf den Einsatz des «Spritzmittels» zu verzichten. Spontan meldeten sich darauf Drucker, selbst ein Ersatzprodukt zu erfinden und das Problem zu lösen.

Die Leistungen bezüglich Aus- und Weiterbildung zahlreicher Druckervereinigungen verdienen hohe Anerkennung. Bis zum Ersten Weltkrieg waren sie die einzigen tragfähigen Bildungsorganisationen. Drucker hatten anfänglich lediglich ihren Gesellenbrief vorzuweisen. Erst später wurden im damaligen «Graphischen Gewerbe» Lehrzeit und Abschlussprüfung offiziell. In den 60er und 70er Jahren leisteten die Vereinigungen der Buchdrucker nochmals Aussergewöhnliches, indem sie viele ihrer Kollegen auf das Offsetverfahren umschulten.

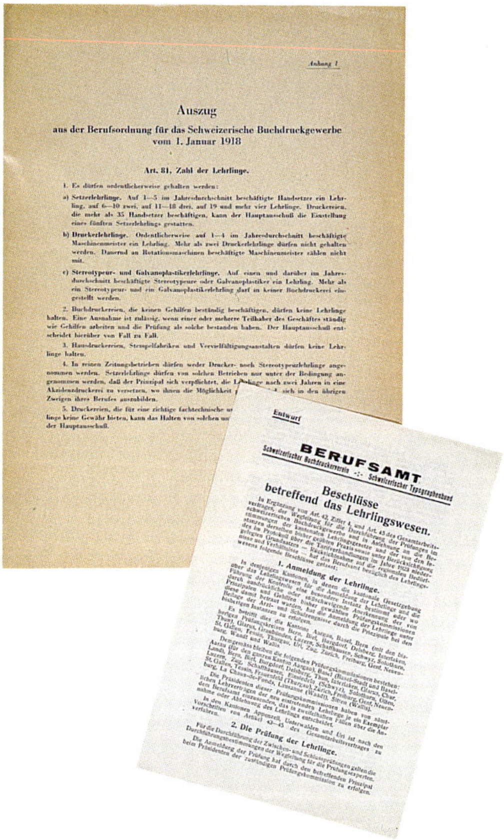

Anhang 1

Auszug
aus der Berufsordnung für das Schweizerische Buchdruckgewerbe
vom 1. Januar 1918

Art. 81. Zahl der Lehrlinge.

1. Es dürfen ordentlicherweise gehalten werden:

a) Setzerlehrlinge. Auf 1—5 im Jahresdurchschnitt beschäftigte Handsetzer ein Lehrling, auf 6—10 zwei, auf 11—18 drei, auf 19 und mehr vier Lehrlinge. Druckereien, die mehr als 35 Handsetzer beschäftigen, kann der Hauptausschuß die Einstellung eines fünften Setzerlehrlings gestatten.

b) Druckerlehrlinge. Ordentlicherweise auf 1—4 im Jahresdurchschnitt beschäftigte Maschinenmeister ein Lehrling. Mehr als zwei Druckerlehrlinge dürfen nicht gehalten werden. Dauernd an Rotationsmaschinen beschäftigte Maschinenmeister zählen nicht mit.

c) Stereotypeur- und Galvanoplastikerlehrlinge. Auf einen und darüber im Jahresdurchschnitt beschäftigte Stereotypeure oder Galvanoplastiker ein Lehrling. Mehr als ein Stereotypeur- und ein Galvanoplastikerlehrling darf in keiner Buchdruckerei eingestellt werden.

2. Buchdruckereien, die keinen Gehilfen beständig beschäftigen, dürfen keine Lehrlinge halten. Eine Ausnahme ist zulässig, wenn einer oder mehrere Teilhaber des Geschäftes ständig wie Gehilfen arbeiten und die Prüfung als solche bestanden haben. Der Hauptausschuß entscheidet hierüber von Fall zu Fall.

3. Hausdruckereien, Stempelfabriken und Vervielfältigungsanstalten dürfen keine Lehrlinge halten.

4. In reinen Zeitungsbetrieben dürfen weder Drucker- noch Stereotypeurlehrlinge angenommen werden. Setzerlehrlinge dürfen von solchen Betrieben nur unter der Bedingung angenommen werden, daß der Prinzipal sich verpflichtet, die L[illegible]linge nach zwei Jahren in eine Akzidenzdruckerei zu versetzen, wo ihnen die Möglichkeit [illegible] sich in den übrigen Zweigen ihres Berufes auszubilden.

5. Druckereien, die für eine richtige fachtechnische [illegible] linge keine Gewähr bieten, kann das Halten von solchen [illegible] der Hauptausschuß.

Entwurf

BERUFSAMT
Schweizerischer Buchdruckerverein -:- Schweizerischer Typographenbund

Beschlüsse
betreffend das Lehrlingswesen.

1. Anmeldung der Lehrlinge.

2. Die Prüfung der Lehrlinge.

Ausschnitte aus Vernehmlassungen 1928. Reglemente und amtlich anerkannte Berufsbezeichnungen gab es noch keine.

Der Wandel der Zeit änderte bisherige stolze Berufsbezeichnungen.

Berufsbilder im Wandel

Man kann davon ausgehen, dass allein im deutschsprachigen Europa mehr als 10 000 verschiedene Berufe ausgeübt werden. Amtlich anerkannte oder registrierte gibt es aber nur wenige hundert. Alle anderen Berufstätigen erwerben sich das Vertrauen in ihre Tätigkeit durch angeeignetes Wissen, persönliche Zuverlässigkeit und mit der Einstellung zur Arbeit.

Fast massstabgetreu finden wir diese Situation auch in der grafischen Branche. Im Sektor Druck beispielsweise kennen wir Präge-, Blind-, Folien-, Wertschriften-, Stich-, Tampondrucker usw., für die es keine gesetzlich anerkannte Berufsbezeichnung gibt. In der Zeit zwischen dem Ersten und Zweiten Weltkrieg entstanden die folgenden öffentlich anerkannten Berufe:

- Buchdrucker
- Steindrucker
- Offsetdrucker
- Tiefdrucker

Bekannt, doch selten, war der mit dem Steindruck verwandte Beruf des Lichtdruckers.

Neu unter dem offiziellen Titel «Drucker» wird heute nach folgenden Fachrichtungen ausgebildet, geprüft und mit Fähigkeitszeugnissen bestätigt:

- Andruck
- kleinformatiger Offsetdruck
- Bogenoffset (inklusive Blechdruck)
- Rollenoffset (Akzidenzdruck und Zeitungen)
- Formulardruck
- Tiefdruck
- Siebdruck
- Flexodruck

Berufe in der Fachrichtung Formular- oder Andruck arbeiten ebenfalls mit dem Offsetdruckverfahren.

Die Lehrzeit dauert zum Beispiel in Deutschland überall 3 Jahre, in der Schweiz – mit Ausnahme des Sieb- und Flexodruckers – 4 Jahre. Sie endet mit der Abschlussprüfung, bestehend aus einem praktischen und einem berufskundlichen Teil sowie der Prüfung in den allgemeinbildenden Fächern. Nach bestandener Prüfung erfolgt die Abgabe des staatlichen Fähigkeitszeugnisses.

Das erste allgemeingültige Reglement für Ausbildung geht zurück auf die frühen 30er Jahre dieses Jahrhunderts. Vorher existierten vereinzelte Bestimmungen auf regionaler Ebene oder solche von Verbänden. Lehr- und Prüfungsordnungen für Buch- und Steindrucker – beide Berufe werden heute nicht mehr gelehrt – sind die ältesten. Auf dem Weg zu den heutigen Reglementen kamen nach und nach jenes für den Offset- und Tiefdrucker, später für den Sieb- und Flexodrucker hinzu. Die Formulierungen sind heute flexibel gestaltet, um auf Neuerungen rasch reagieren zu können.

Der Lehrling auf dem Weg zum Berufsmann

Die praktische Ausbildung im Druckereibetrieb wird ergänzt mit berufskundlichem Unterricht in der Fachschule und neu mit speziellen Einführungskursen.

Der folgende Zusammenzug der Informations- und Lernziele schafft den Überblick über die Vielfalt des Berufsbildes «Drucker».

Allgemeine Kenntnisse

- Der Drucker kennt die Unfallgefahren an Maschinen und elektrischen Anlagen, die Möglichkeiten zur Brandverhütung und -bekämpfung, die vorbeugenden Massnahmen beim Umgang mit Giftstoffen und die einschlägigen Bestimmungen des Umweltschutzes.
- Er kann Fragen beantworten über die klimatischen Voraussetzungen im Druckraum und deren Überwachung mit Messgeräten. Parallele Grundkenntnisse über die anderen Druckverfahren sind ebenso vorhanden wie jene über die verschiedenen Möglichkeiten der Weiterverarbeitung und die Verwendung der gedruckten Bogen und Materialien.

Materialkenntnisse

Die Materialkenntnisse des Druckers umfassen im Detail das Wissen über:

Mit der modernen Drucktechnik entstanden neue Berufsbezeichnungen

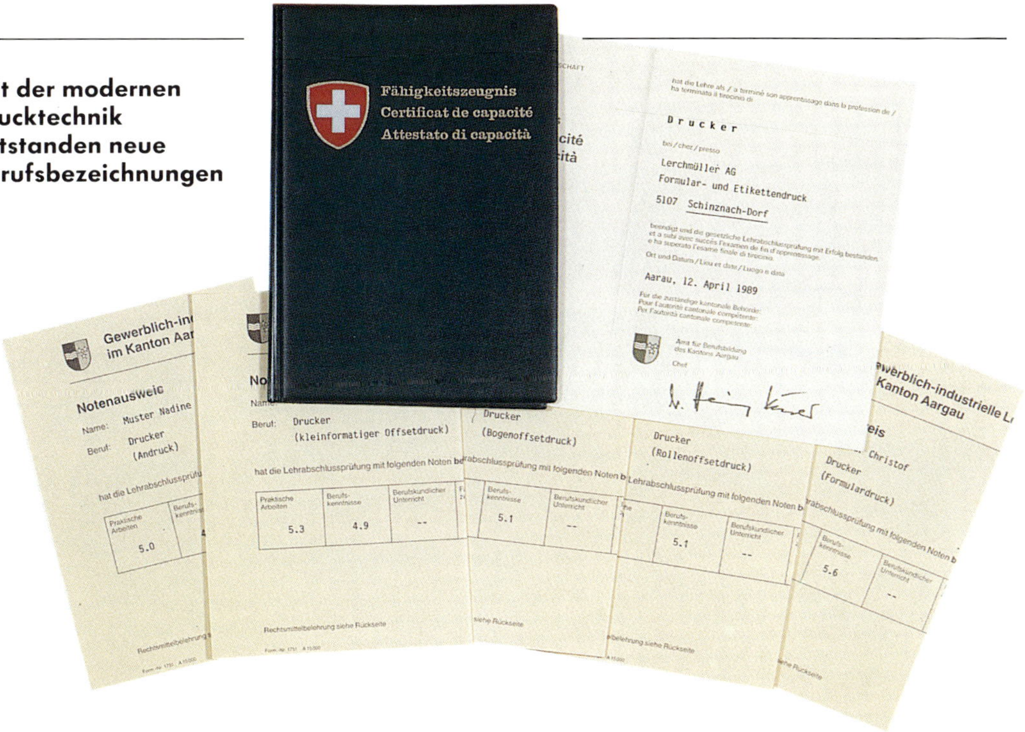

- Filme, Folien und die weiteren Materialien für die Formenherstellung.
- Die Chemikalien von der Formenherstellung bis zum Druck, inklusive Reinigungsmittel, Öle und Fette.
- Druckfarben, ihre Rohstoffe, Zusätze und die Anwendung, ebenso die Vorschriften über Echtheiten; ferner ist der Drucker in der Lage, selbständig abweichende Farbtöne zu mischen und Farben in die günstige Viskosität zu bringen.
- Bei Papieren, Kartons, Kunststoffen und Verbundmaterialien – je nach Berufsrichtung mit unterschiedlicher Gewichtung – die dafür verwendeten Rohmaterialien, Kenntnisse über die Herstellung, die Eigenschaften, die Einsatzzwecke sowie Vor- und Nachteile der diversen Bedruckstoffe.
- Flexodrucker, teils aber auch Sieb- und Tiefdrucker müssen umfassend Bescheid wissen über Kunststoffe, Zellglas und Aluminium, über deren Verschiedenartigkeit und den zweckmässigen Einsatz.

Druckformenherstellung

Der Drucker kennt die für die Herstellung von Druckformen erforderlichen Geräte und kann diese selbständig bedienen. Dazu gehört das Erstellen von Stand- und Einrichtungsbogen, Ausschiessschemen und die zweckmässige Montagetechnik sowie das Anbringen der für die Druckkontrolle notwendigen Messelemente.

Der Drucker prüft und beurteilt die Brauchbarkeit der Druckform, führt allfällige Korrekturen aus und erstellt auf Wunsch oder nach Bedarf Kontrollabzüge.

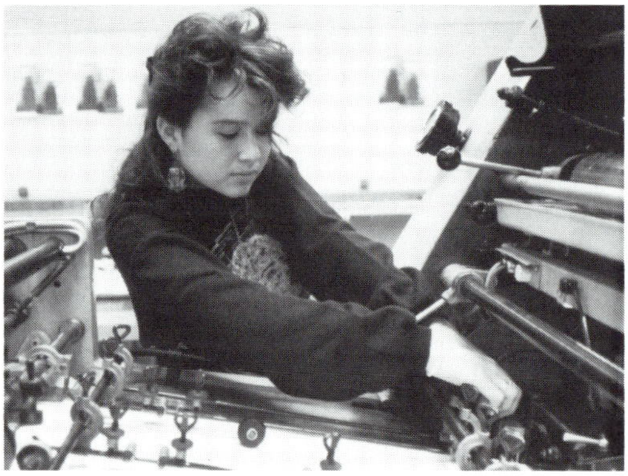

Mädchen als Druckerlehrlinge. In der Fachrichtung «Andruck», «Kleinoffset» und «Bogenoffset» herrscht berufliche Gleichberechtigung.

Bedienung der Druckmaschine

Die zentrale Tätigkeit des Druckers liegt im Bedienen der Druckmaschine zur Erreichung des optimalen Ergebnisses. Im einzelnen setzt sich die Aufgabe wie folgt zusammen:

- Kenntnisse über die verschiedenen Maschinentypen und des damit zu praktizierenden Druckverfahrens unter Berücksichtigung des aktuellen technologischen Standes. Der Drukker weiss, welche Maschine wofür am besten geeignet ist.
- Weitreichendes Wissen über den Aufbau von Druckmaschinen und deren Zubehör.
- Erkennen und richtiges Vorgehen beim Beheben von Druckschwierigkeiten und Qualitätsmängeln, messtechnische Beurteilung der Druckqualität und Beheben von Maschinenstörungen.

Der Druckereibetrieb stellt dem Lehrling den Arbeitsplatz und die geeigneten Arbeitsmittel zur Verfügung. Der Lehrling hat Anspruch auf Instruktionen in Form von Anlernübungen. Zur Förderung seiner beruflichen Fertigkeiten werden alle Arbeiten in Abständen wiederholt. So ist er nach der Lehrzeit in der Lage, Arbeiten selbständig, einwandfrei und in angemessener Zeit auszuführen.

Druckerlehrlinge beim praktischen Unterricht in der Fachschule. Die gründliche Ausbildung, auch über theoretische Zusammenhänge, entscheidet über die Qualität des späteren Fachmannes. Vieles wird leichter verstanden und schneller begriffen.

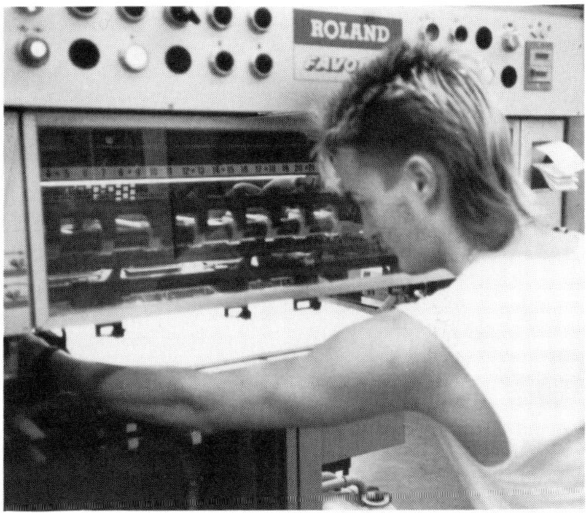

Jeder Arbeitsschritt will gelernt und geübt werden.

Weitere Allgemeinbildung in der Berufsschule

Die berufsbegleitende gewerbliche Berufsschule vermittelt dem Lehrling alle notwendigen theoretischen Berufskenntnisse. Der Unterricht erfolgt nach vorgeschriebenen Lehrplänen.

Neben allgemeinbildenden Fächern wie Sprache, Mathematik, Staats- und Wirtschaftskunde kommen bei der Naturlehre folgende interessante Wissensgebiete hinzu:

Optik:
- Lichteinwirkung, Linsen
- Farbenlehre

Mechanik:
- Bewegungsarten
- Wirkung der Kräfte
- Hebelgesetz und Funktionsweise von Getrieben
- Luft- und Flüssigkeitsdruck

Chemie:
- Unterscheidung von chemischen und physikalischen Vorgängen
- Elemente, Verbindungen und Mischungen
- Säuren, Laugen, Salze und pH-Werte
- Sauerstoff, sein chemisches Verhalten und die häufigsten Bindungen
- Kenntnisse über Galvanotechnik (Tiefdrucker)
- Feuergefährlichkeit verschiedener Stoffe und die Wirkung von Giften

Elektronik und Elektrotechnik:
- Elektrische Spannung, Leistung und Widerstand
- Die Wirkung von Wechsel- und Drehstrom
- Funktion von Sicherungen
- Entstehung statischer Elektrizität und Abhilfemassnahmen bei deren Auftreten
- Wichtige elektronische Bauteile
- Anwendungsbeispiele der Elektronik auf Druckmaschinen

Informatik (als neues Fach):
- Grundlagen einer Programmiersprache
- Berufsbezogene Problemanalyse und systematische Lösung
- Verschiedene Formen der Datenerfassung
- Wesentlichste Merkmale und Eigenschaften der Datenspeicherung
- Aufbau und Funktionsweise computergesteuerter Systeme

Buchdruckerlehrling – ein Bild der Vergangenheit. Unverändert bleibt der hohe Wert der guten Lehrlingsausbildung. Sie vermittelt, unabhängig der Art des Druckverfahrens, das berufstheoretische Wissen und dient zugleich der Unfallvermeidung und der Sicherstellung des Berufsnachwuchses.

Die Weiterbildung zum Vorgesetzten

Die grafische Branche bietet dem ausgebildeten, lernwilligen Drucker heute ausgezeichnete Weiterbildungs- und Aufstiegsmöglichkeiten. Das folgende Modell existiert in der Schweiz seit den 70er Jahren. Im Gegensatz dazu gab es in Deutschland schon Jahrzehnte früher die Ausbildung zum Meister der Druckindustrie oder zum Druckingenieur.

Weiterbildungsstufen nach der Grundausbildung «Drucker»:

Primäre Weiterbildung
- Vertiefen des beruflichen Wissens durch eigene Erfahrungen, Kurse und Fachliteratur

- Aktualisierung
- Spezialisierung

Unteres Kader
- Betriebsfachmann Druck
  (nur in der Schweiz angeboten)

Mittleres Kader
- Meister der Druckindustrie
  (nur in Deutschland angeboten, in der Schweiz seit 1984 nicht mehr)
- Techniker TS (Schweiz)
  (TS = Techniker Schule)
- Techniker der Druckindustrie
  (BRD)

Oberes Kader
- Ingenieur HTL, ESIG+
  (HTL = Höhere Technische Lehranstalt)
  (ESIG+ = Ecole Suisse d'Ingénieurs des industries graphiques et de l'emballage)
- Diplomingenieur FH
  (Fachhochschule in der BRD)

Betriebsfachmann, Meister und Techniker

Absolventen der unteren und mittleren Kaderschulen sind später meist Gruppen- und Abteilungsleiter, Lehr-

In Fortbildungskursen werden neue Erkenntnisse gewonnen. Kontakte mit Berufskollegen aus anderen Ländern sind ebenso wertvoll.

lingsausbilder, leitende Mitarbeiter in der Arbeitsvorbereitung, Betriebsleiter und Fachlehrer. Oftmals belegen sie auch Schlüsselstellen in der Zulieferindustrie der grafischen Branche. Viele Absolventen von Kaderschulen holen sich mit einer späteren Zusatzausbildung das Rüstzeug zum selbständigen Unternehmer.

Die Ausbildung zum Betriebsfachmann Druck bezweckt, geeigneten und tüchtigen Berufsleuten in einer zusätzlichen Schulung die Kenntnisse und Fähigkeiten einer Vorgesetztenstellung zu vermitteln. Dem Kandidaten wird ein Überblick über die verschiedenen Zweige der grafischen Industrie gegeben. Ferner unterrichtet die Betriebsfachschule die Fächer Arbeitstechnik, Betriebstechnik, Rechnungswesen und Personalführung.

Der Techniker ist nach vier Semestern Ausbildung in der Lage, alle Produktionsbereiche in der grafischen Branche zu überblicken. Die betriebswirtschaftliche Ausbildung erlaubt ihm, später auf der Stufe Abteilungsleiter unternehmerische Entscheidungen zu treffen. Weitere Schulung in Psychologie und Personalführung befähigen ihn, Mitarbeiter zu leiten und zu fördern. Der Techniker verfügt über ausgeprägte Fähigkeiten zu Teamarbeit und Führungsqualität. Die Ausbildung vermittelt zudem ein breites Allgemeinwissen.

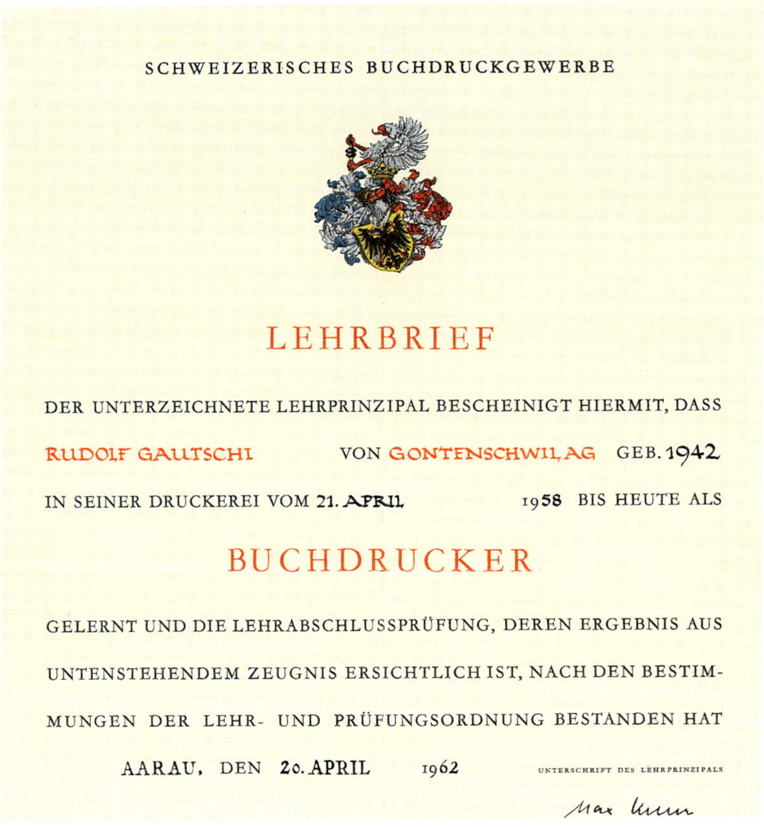
SCHWEIZERISCHES BUCHDRUCKGEWERBE

LEHRBRIEF

DER UNTERZEICHNETE LEHRPRINZIPAL BESCHEINIGT HIERMIT, DASS

RUDOLF GAUTSCHI VON GONTENSCHWIL AG GEB. 1942

IN SEINER DRUCKEREI VOM 21. APRIL 1958 BIS HEUTE ALS

BUCHDRUCKER

GELERNT UND DIE LEHRABSCHLUSSPRÜFUNG, DEREN ERGEBNIS AUS UNTENSTEHENDEM ZEUGNIS ERSICHTLICH IST, NACH DEN BESTIMMUNGEN DER LEHR- UND PRÜFUNGSORDNUNG BESTANDEN HAT

AARAU, DEN 20. APRIL 1962

UNTERSCHRIFT DES LEHRPRINZIPALS

Max Kuhn

Schöne Dokumente zum Lehrabschluss oder einer weiteren erfolgreich bestandenen Zusatzausbildung waren für grafisch-technische Berufe schon immer Ehrensache.

«Gautschen», die traditionelle Wassertaufe zum Abschluss der Lehrzeit.

Ingenieur HTL und Diplomingenieur FH

Die Ausbildung zum Druckingenieur HTL ist in der Schweiz und jene zum Diplomingenieur FH in Deutschland die höchstmögliche Ausbildungsstufe. Die Ingenieurschule unterrichtet in der Schweiz in den Fachgebieten Druck und Verpackung, in der BRD zusätzlich in den Sektoren Farbe-Chemie, Medien, Werbewirtschaft und Verlagsorganisation. In den mathematischen, naturwissenschaftlichen und allgemein technischen Fächern erhält der Student die Grundlagen, um Probleme mit Ingenieurdenken anzugehen und zu lösen, dies stets unter Wahrung seiner Verantwortung gegenüber Mitmenschen und Umwelt. Er lernt die angewandten Techniken der entsprechenden Industriezweige kennen und mit Hilfe von Versuchen die Grenzen ihrer Anwendbarkeit zu ermitteln. Ferner verfolgt er die Entwicklung neuer Technologien, analysiert die verschiedenen Arbeitsabläufe und untersucht deren Optimierung. Die Fächer der Betriebslehre befähigen den Ingenieur zu Aufgaben der Analyse, Planung, Überwachung von Wirtschaftlichkeit und menschengerechter Arbeit.

Ingenieure sind nach ihrer Ausbildung meistens in Funktionen als technischer Betriebsleiter, in Stabstellen für Planung und im weiteren als Fachlehrer tätig.

Unverändert erhalten – die Tradition des Gautschens

Die Tradition des Gautschens zum Abschluss der Lehrzeit reicht zurück bis ins Mittelalter. Der Überlieferung nach war es Kaiser Friedrich III., der um 1480 den Buchdruckern besondere

Privilegien einräumte. Wer fortan in die löbliche Gesellschaft der «Schwarzen Kunst» aufgenommen werden wollte, der hatte die Wassertaufe «ad posteriora» über sich ergehen zu lassen. Das Bewundernswerte: Bis heute hat dieser Brauch überlebt, allem technischen Fortschritt zum Trotz.

Das Zeremoniell spielt sich wie folgt ab: Der Gautschmeister, flankiert von Helfern – Schwammhalter, erster Pakker, zweiter Packer usw. – hält eine launige Ansprache. Von Murren, Fehlerhaftigkeit, Hudelei und anderen Sünden des stumm wartenden Gäutschlings ist da die Rede, welche es mit Wasser reinzuwaschen gelte. Auf den Ruf «Packt an!» wird er auf ein Ungetüm von nassem Schwamm gewaltsam niedergedrückt, «bis triefen beide Ballen», dann trotz heftiger Gegenwehr im randvollen Brunnen oder Fass untergetaucht und zur letzten Läuterung auch noch mit Wasser übergossen. Pitschnass und pustend stossen alsdann der Gautschmeister, Packer und Schwammhalter mit dem Gäutschling aufs Wohl und die weitere Zukunft des neuen Jüngers Gutenbergs an: «Gott grüss die Kunst!»

Nach vollbrachtem Gautschakt erhalten die neu in die «Zunft» aufgenommenen Kolleginnen und Kollegen den «Gautschbrief» ausgehändigt. Diese farbenprächtige Urkunde, im Format und Schrifttyp der Gutenberg-Bibel und auf Büttenkarton gedruckt, enthält noch heute das von Kaiser Friedrich III. verliehene Wappen der Buchdrucker.

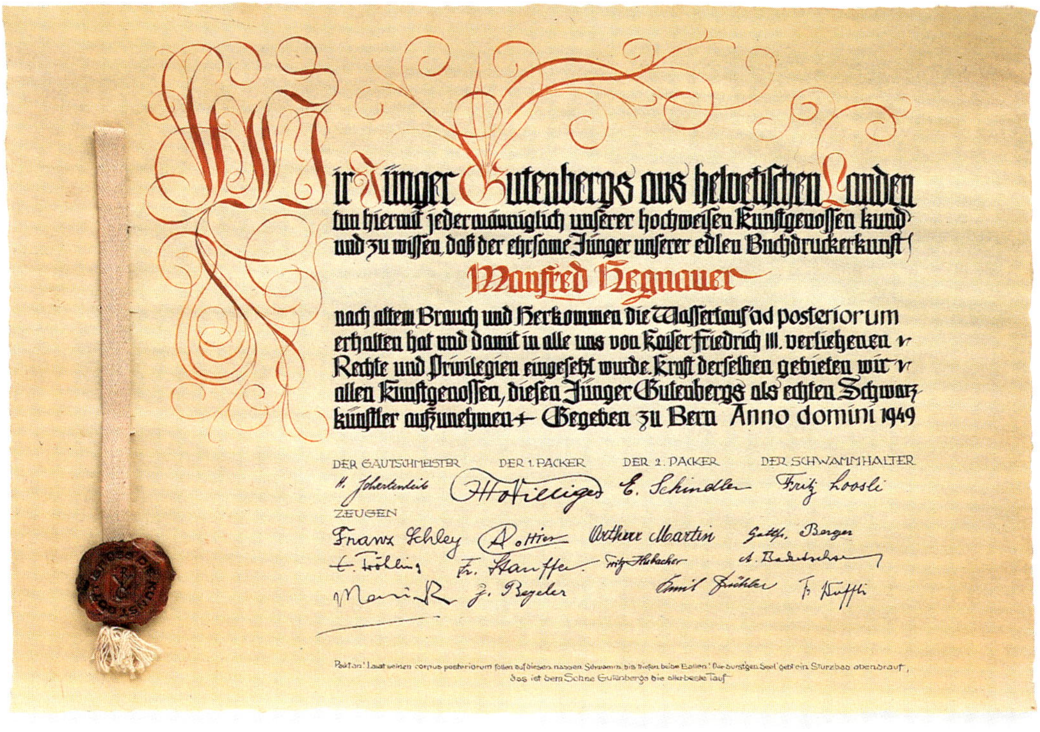
Wir Jünger Gutenbergs aus helvetischen Landen
tun hierauf jedermänniglich unserer hochweisen Kunstgenossen kund
und zu wissen, daß der ehrsame Jünger unserer edlen Buchdruckerkunst
Manfred Hegnauer
nach altem Brauch und Herkommen die Wassertauf ad posteriorum
erhalten hat und damit in alle uns von Kaiser Friedrich III. verliehenen
Rechte und Privilegien eingesetzt wurde. Kraft derselben gebieten wir
allen Kunstgenossen, diesen Jünger Gutenbergs als echten Schwarzkünstler aufzunehmen + Gegeben zu Bern Anno domini 1949

DER GAUTSCHMEISTER DER 1. PACKER DER 2. PACKER DER SCHWAMMHALTER
E. Schindler Fritz Loosli
ZEUGEN
Franz Schley Arthur Martin

Packt an! Lasst seinen corpus posteriorum fallen auf diesen nassen Schwamm bis triefen beide Ballen! Der durstigen Seel' gebt ein Sturzbad obendrauf, das ist dem Sohne Gutenbergs die allerbeste Tauf

Gautschbrief. Noch heute ein begehrtes Dokument vieler Drucker (und Setzer).

PRINTMEDIEN UND DRUCKER DER ZUKUNFT

... im Spannungsfeld elektronischer Medien

Mit dem fortschreitenden Ausbau der elektronischen Medien nehmen die Möglichkeiten des Informationsangebots weiter zu. Anteilmässig dürfte das Wachstum der Printmedien dabei geringer ausfallen. Elektronische Medien werden – wie bisher das Fernsehen – die Printmedien ergänzen, aber nicht ersetzen. Die Elektronisierung im Dienstleistungs- und Organisationswesen soll aber nach Meinung von Experten den heute gängigen Formulardruck ab dem Jahre 2000 verändern, doch weiss das niemand mit Sicherheit.

Neue Medien bedeuten für Drucksachen aber auch neue Märkte und Chancen. Es ist eine Tatsache, dass man diese Situation noch vor wenigen Jahren weltweit falsch einschätzte. Die übertriebene Schwarzmalerei führte nicht zuletzt dazu, dass heute und morgen verschiedenen Zweigen der Druckbranche die benötigte Anzahl Fachleute fehlt.

«Was man gedruckt in den Händen hat, lässt sich getrost nach Hause nehmen.» – Dieses alte Sprichwort offenbart die unbestrittenen Vorteile gedruckter Medien. Sie sind jederzeit verfügbar und ortsunabhängig, lassen sich leicht vergleichen und archivieren. Vor diesen positiven Werten darf man zumindest die folgenden, klaren Nachteile der Printmedien gegenüber elektronischen Medien nicht verbergen: Liegt ein Wort- oder Bildfehler oder gar ein Irrtum in der Druckform vor und wird dieser nicht rechtzeitig erkannt, ist er später in der gesamten Auflage enthalten und nicht mehr korrigierbar. Auf Datenträger gespeicherte Informationen für elektronische Medien aber lassen sich leicht korrigieren. Ferner liegt ihr Vorteil im geringen Energieaufwand. Es ist eine unumstössliche Tatsache, dass Printmedien für eine gleichlautende Informationsmenge unverhältnismässig mehr Energie benötigen und langsamer sind.

... mit zunehmender Automatisierung

Alles, was wir heute an Druckmaschinen als aussergewöhnlich und modern bewundern, wird in fünf bis zehn Jahren gewohnter Standard sein und für die heranwachsenden Berufsleute zu den normalsten Selbstverständlichkeiten gehören. Dazu folgende Beispiele:

- Wo immer bisher Maschinen mit 2 oder 4 Druckwerken plaziert waren, sind zukünftig mehr solche mit 5 oder 6 Werken vorgesehen, meist mit nachgeschalteter Lackierung und/oder Trocknungshilfe. Mit der computergesteuerten zonenweisen Farbdosierung werden nicht mehr nur grossformatige, sondern sämtliche Bogenoffsetmaschinen ausgeliefert. Die Bedienungspulte erhalten optische Bogenlauf- und Fehleranzeigen. Mit Dialogsystemen weiss der Drucker sofort, wo und wie er bei Störungen eingreifen muss.
- Die Rotationsmaschinen erfahren weitreichende Automatisierungen. Die Bedienung erfolgt zukünftig mittels Leitstandtechnik. Register-, Passer- und Farbsteuerungen werden vollständig von einer Zentrale aus bedient und mit den vielfältigsten Hilfsmitteln überwacht. Wie das Waschen einzelner Maschinenteile, wird auch der Druckplattenwechsel künftig ohne direkten Eingriff von Menschenhand erfolgen.

  Solche Entwicklungen zielen darauf ab, den Drucker von sturer Routinearbeit zu entlasten sowie die Produktion industriell auf hohem Qualitätsniveau und mit grosser Sicherheit zu gewährleisten.
- Die Forschung geht heute in die Richtung, dass der verantwortliche Drucker im voraus dem Steuersystem bekannte Daten, beispielsweise über Druckfarben und Papierbeschaffenheit, eingeben kann, worauf der Computer in der Maschine die entsprechenden Anpassungen selbständig vornimmt. Sogenannte «intelligente Systeme» erstellen aus der Papierrolle versandfertige Druckerzeugnisse, adressiert und – sofern gewünscht – wahlweise mit oder ohne Beilagen ergänzt.

... stellen neue Anforderungen an das Fachpersonal

Um solche Anforderungen zukünftig bewältigen zu können, steht der ausgebildete Berufsmann ganz im Zentrum und ist durch keine Maschine zu ersetzen. Gefragt sind Berufsleute mit Teamgeist, die fähig sind, in neuen technischen Dimensionen und in Systemen zu denken. Es braucht Drucker bzw. künftig Drucktechnologen, die mit Hilfe von Tastaturen leistungsfähige Betriebsanlagen in Gang setzen und mit Computern und Bildschirmen deren Produktion überwachen. Immer mehr ist es wichtig, Zusammenhänge,

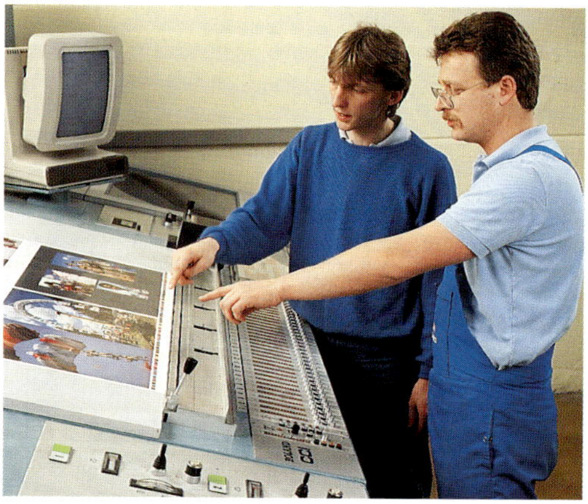

Arbeitsplatz und Tätigkeiten der Drucker an Bogenmaschinen heute und in Zukunft.

Leitstandtechnik für Rotationsmaschinen. Die Bedienung solcher Grossanlagen über eine Zentrale prägen das Berufsbild des Druckers der Zukunft.

Materialeigenschaften und Betriebsabläufe zu kennen, um Störfällen vorzubeugen, obwohl die laufend ausgeklügelteren technischen Verbesserungen dem Zufall immer weniger Raum lassen.

Eine breite Allgemeinbildung ist verlangt, die es Druckern erlaubt, technische Veränderungen zu erfassen und richtig zu reagieren. Investitionen in die Berufsaus- und -weiterbildung stehen in Zukunft vor jenen der technischen Rationalisierung und Modernisierung. Dabei muss der Begriff Fähigkeit neu definiert werden. Fähigkeit wird nämlich längerfristig nicht mehr das sein, was man gelernt hat und was man kann, sondern in stärkerem Mass die Kapazität, Neues oder Verändertes hinzuzulernen. Technische Fortschritte geben dem Drucker mehr Sicherheit, verbessern die Qualität und steigern die Leistung, fordern aber gleichzeitig mehr Umsicht, Fachkompetenz und Verantwortung. Der Druckerberuf wird aufgewertet, seine Aufgaben interessanter.

... Hand in Hand mit neuen Drucktechnologien

Wenn man von neuen Drucktechnologien spricht, kann der Begriff «Drukken» nicht mehr im bisherigen engen Sinn verstanden werden. Derzeit gibt es eine Anzahl Verfahren, die neben den herkömmlichen Drucktechniken zunehmend an der Vervielfachung von Informationen teilhaben. Beispiele sind: Elektrografie, Ink-Jet- oder Transferdruck, allgemein als Kopierverfahren bezeichnet. Sie wirken als sogenannte Non-Impact-Drucke. Verbunden mit Desktop Publishing für die Text- und Bilderfassung bilden sie multifunktionale Arbeitsplätze und interessante Alternativen zum übrigen Drucken. Mehrfarbig gelangen Kopiertechniken nur bei Kleinauflagen zum Einsatz, also dort, wo bisheriges Drukken unwirtschaftlich wäre. Schwächen in der Wiedergabe von Illustrationen und in der Mehrfarbigkeit liegen noch in der ungenügenden Bildauflösung und im hohen Preis. Die Zukunft setzt hier auf den neuartigen Tintenstrahldrucker, derzeit bekannt unter dem Namen «Bubble-Jet». Die Forschungsarbeit wird intensiv vorangetrieben. Das Bedienen solcher Systeme ruft über kurz oder lang nach angelernten Berufsleuten, vielleicht nach Druckoperateuren. Auch eine gewisse Verlagerung der Tätigkeit bisheriger Kleinoffsetdrucker ist denkbar.

... mit mehr Rücksicht auf die Umwelt

In jeder noch so kleinen Druckerei entstehen vielerlei Abfälle, für die eine Wiederverwertung möglich oder eine umweltgerechte Entsorgung nötig ist: Papier- und Kunststoffausschuss, Alt-

Eines ist sicher: Auch Drucker mit handwerklichen Fähigkeiten für die Bedienung kleiner Anlagen werden weiterhin gefragt sein.

metalle, verbrauchte Entwicklerflüssigkeit, Reinigungschemikalien, Druckfarbenreste, um nur einige zu nennen. Ferner werden bei der Farbtrocknung mit Heissluftöfen Lösungsmittel freigesetzt. Diese werden bereits heute in hohem Masse zurückgewonnen oder mit Zusatzeinrichtungen unschädlich gemacht.

Der Abfallvermeidung, Wiederverwertung oder umweltgerechten Entsorgung müssen die Drucker in Zukunft ebenso hohe Aufmerksamkeit schenken wie dem schonenden Umgang mit Hilfsmaterial und der höchstmöglichen Energieausnützung.

Rollenoffset-Druck- und Ausrüstungsanlage für heute und morgen. Mit Spitzentechnologie und Ausbildung bauen Drucker die Vorteile der Printmedien weiter aus: noch aktueller, variantenreicher und qualitativ besser.

DIE ERZEUGNISSE DER DRUCKERBERUFE

Drucker drucken
Informationen,
die man
- lesen
- sehen
- hören
- fühlen kann,

Informationen, die
- bilden
- unterhalten
- verständigen
- organisieren
- werben
- und Freude bereiten,

Verpackungen,
die Produkte
- schützen
- transportieren
- lagern
- präsentieren
- und verkaufen helfen.

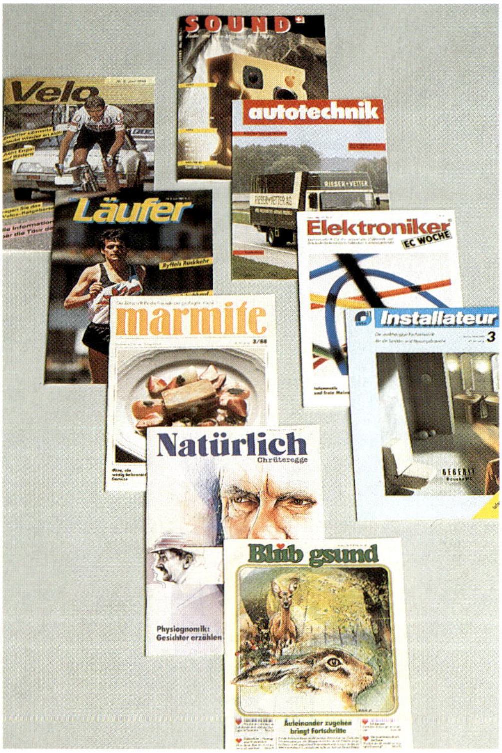

Ansichtskarten **B**eutel Blechdosen Briefbogen Bücher **E**tiketten **F**altschachteln Formulare **G**arnituren Geburtsanzeigen Gesetzesvorlagen Glasflaschen Glückwunschkarten **K**acheln Kataloge Kleider Kollektionen Kuverts **L**andkarten **M**enükarten Musiknoten Musterkarten **P**atentschriften Plakate Preislisten Prospekte **S**chaufensterdekorationen Schutzumschläge Selbstkleber Spiele Spielkarten Streifbänder **T**apeten Tischsets Tischtücher Tragtaschen Transparente Trauerzirkulare Tuben **U**mschläge **V**isitenkarten **W**erbegeschenke Wertschriften Wertzeichen Wickelpackungen **Z**eitschriften Zeitungen usw.

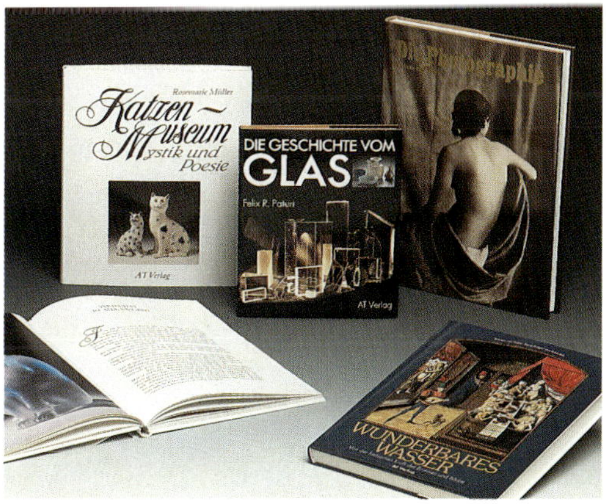

Fachwörter und ihre Erklärung

Abwicklungslänge	Von Abwicklung spricht man bei zylindrischem Druck. Abwicklungslänge = max. mögliche Länge des Druckbildes von der Vorder- zur Hinterkante.
Akzidenzdruck	Allgemeiner Begriff für Drucksachen, die nicht regelmässig erscheinen. Zeitungen gehören z. B. nicht unter die Akzidenz-Drucksachen.
Anilox	Eine für Rotations-Buchdruck und versuchsweise auch für Offsetdruck verwendete, neuartige Einfärbetechnik für dünnflüssige Druckfarben. Das zonenweise Dosieren der Druckfarbe entfällt.
Aquatinta	Hand-Kupferdruckverfahren. Im Gegensatz zum Stich oder zur Radierung wird die Kupferplatte geätzt.
Aufzug	Im Buchdruck weicher, elastischer Überzug auf dem Druckzylinder als federnde Schicht zwischen diesem und der starren Druckform.
Ausrüstung	Buchbinderische Weiterverarbeitung wie Stanzen, Falzen, Heften, Schneiden usw.
Blinddruck	Druck ohne Farbe. Beispiele: Prägen (auch Blindenschrift), Rillen, Perforieren.
CAD-CAM	Computer Aided Design and Manufacturing. Computergesteuerte Gestaltungs- und Schneid- oder Fertigungseinrichtung.
Densitometer	Man misst die Farbdichte mit dem Auflichtdensitometer, d.h. die Farbintensität auf den speziell dafür mitgedruckten Messfeldern. Die Werte erscheinen in Zahlen.
Desktop Publishing	Anlage, bestehend aus Personal Computer, Laserdrucker sowie Text- und Umbruchprogrammen, die als Satzprogramme einsetzbar sind.
Druckkraft	Gelegentlich auch Druckspannung oder Anpressdruck genannt. Im Offsetdruck die Kraft zwischen Druckplatte und Gummituch oder zwischen Gummituch und Gegendruckzylinder. Im Tiefdruck jene zwischen Presseur und Druckformenzylinder.
Duktorwalze	Im Farbkasten eingebaute Walze, verantwortlich für die dosierte Abgabe der Farbe auf das Farbwerk.
Faksimile	Originalgetreue drucktechnische Wiedergabe einer meist alten, wertvollen Vorlage.
Farbstellen	Dosieren und Regulieren der Farbmenge je nach bedrucktem Anteil der Druckform.

Filmfeuchtwerk	Feuchtwerk an modernen Offsetmaschinen ohne Moltonüberzüge auf den Feuchtwalzen. Die Erzielung eines hauchdünnen Wasserfilmes erfolgt mit Hilfe entsprechender Feuchtwasserzusätze, z. B. Isopropylalkohol.
Formenschliessen	Begriff aus dem Buchdruck. Zusammenfügen der einzelnen in Bleibuchstaben gesetzten Seiten zu einer ganzen Form und Montieren mit Hilfe von Schliesszeugen in einen Rahmen.
Fortdruck	Druck der Auflage nach dem Einrichten der Maschine.
Fotosatz	Satzherstellung auf Fotomaterial wie Filme oder Papier, im Gegensatz zur Herstellung aus Bleibuchstaben.
Grenzflächenspannung	Gegenseitiges Verhalten zweier ungleich beschaffener Stoffe. Beispielsweise Wasser zur Druckplatte oder Wasser zur Druckfarbe.
Kapillaren	Haarröhrchen. Bezogen auf Papier: Winzig kleine Poren.
Kraftzurichtung	Belasten der grossflächigen Druckstellen im Buchdruck durch partielles Erhöhen im Aufzug. Siehe auch unter «Aufzug».
Makulatur	Nicht verwendbare Druckbogen, also solche mit Mängeln oder Beschädigungen. Beim Einrichten der Druckmaschine entstehen zum Beispiel Makulaturen.
Mezzotinto	Hand-Kupferdruckverfahren, auch Schabkunst genannt. Die Kupferplatte wird vorerst mit einem Gravierstahl aufgerauht. Mit Schabeisen und Polierstahl erzielt man nachher in Handarbeit die verschiedenen Tonwertabstufungen.
Nutzen	Einzelexemplare aus Druckbogen mit mehreren Seiten.
Oberflächenspannung	An Oberflächen von Flüssigkeiten wirkende, molekulare Kräfte. Wasser hat eine höhere Oberflächenspannung als beispielsweise Alkohol.
Opazität	Optischer Widerstand gegen das Durchscheinen. Sie wird mit Hilfe eines Prüfgerätes in Prozenten gemessen, wobei 100% Opazität die völlige Lichtundurchlässigkeit bedeutet, zum Beispiel bei Spielkartenkarton. Ein Papier oder Karton ist also mehr oder weniger opak.

Plattenaufzug	Unterlagebogen aus Papier und Karton. Zusammen mit der Plattendicke erzielt man damit die definierte Aufzugsstärke auf dem Plattenzylinder der Offset-Druckmaschine.
Rakel	Im Tiefdruck: Messerscharfe, federnde Stahlklinge. Diese streift von der eingefärbten Oberfläche des gravierten Druckformenzylinders die überschüssigen Farbe ab. Im Siebdruck: Werkzeug mit Gummikante, mit dem die Farbe durch die Maschenöffnungen des Siebgewebes hindurch auf den Bedruckstoff übertragen wird.
Register	Standgenaues Aufeinanderpassen des Drucks der Vorder- und Rückseite.
Scanner	Optisch-elektronisch arbeitendes System für die Bilderfassung. Mit Scannern werden vor allem farbige und schwarzweisse Fotolithos hergestellt.
Shorehärte	Nach DIN-Norm gemessene Härte von Gummi. 0° – Shore = sehr weich 100° – Shore = hart, wie Glas.
Tischschwinge	Einfaches Siebdruckgerät, meistens von Künstlern verwendet. An einer Tischkante mit Scharnieren aufklappbares Sieb.
Viskosität	Grad der Zähflüssigkeit einer Druckfarbe. Das Fliessverhalten beruht auf der inneren Reibung der Moleküle. Die Viskosität kann – muss aber nicht – temperaturabhängig sein. In diesem Falle nimmt sie mit steigender Temperatur ab, das heisst, die Druckfarbe wird dünnflüssiger.
Walzenstellen	Exaktes Justieren und Stellen der Farbwalzen. Der Beruhrungsdruck von Walze zu Walze und von den Auftragswalzen zur Druckform (Platte) muss exakt vorgenommen werden. Wichtige Tätigkeit im Aufgabenfeld des Druckers.
Wegschlagverhalten	Je nach Viskosität der Druckfarbe, dünn- oder dickflüssig, dringt diese mehr oder weniger schnell oder/und stark in den Bedruckstoff ein.
Wickelplatten	Im Gegensatz zu Bleisatzseiten aus einzelnen oder in Zeilen gegossenen Buchstaben wird die Druckform als gesamte Platte aus flexiblem oder starrem Material, rundgeformt auf den Zylinder der Rotationsdruckmaschine aufgespannt.

Bildquellen

BIGA, Bern
Breker, druck- und verlagstechnische Reproduktion, Köln
Ettenauer Maschinen AG, Zürich
Geissmann-Papier AG, Dottikon
Gietz + Co., Grafische Maschinen, Dietlikon
Grafische Betriebe Aargauer Tagblatt, Aarau
Gretag AG, Regensdorf
Gutenberg-Museum, Mainz
Heidelberger Druckmaschinen AG, Heidelberg
Kant. Amt für Berufsbildung, Aarau
Koenig & Bauer, Druckmaschinenfabrik, Würzburg
Lerchmüller AG, Formular- & Etikettendruck, Schinznach Dorf
Lüscher, Leber + Co. AG, Bern
MAN Roland Druckmaschinen AG, Offenbach und Augsburg
Miller-Johannisberg, Druckmaschinen GmbH, Wiesbaden
Mühlebach AG, Lupfig/Birrfeld
Müller-Martini AG, Maschinenfabrik, Zofingen
NC AG, Fotolithos, Urdorf
Nyffeler, Corti S.A., Kirchberg
OFS AG, Zofingen
Quensen Steindruck, Werkstatt für künstlerische Lithografie, Lamspringe, BRD
Ringier AG, Grafischer Betrieb, Zofingen
Pius Schäfler, Gossau
J. Schaub-Buser AG, Druckerei, Sissach
Schellenberg-Druck AG, Pfäffikon
Anton Schöb, Buch- und Offsetdruck, Zürich
Ernst Schoop AG, Druck und Verlag, Urnäsch
Schweizerische Seidengazefabrik, Zürich
Schweizerischer Verband Grafischer Unternehmer (SVGU), Zürich
SVGU, Regionalsekretariat, St. Gallen
Schweizerischer Zeitungsverlegerverband, Zürich
Wertschriftendruckerei PTT, Ostermundigen
WIFAG, Maschinenfabrik, Bern
Zeiler AG, Verpackungsdruck, Köniz
Zeitschrift «Druckindustrie», St. Gallen
Zentralkommission grafische Berufe, Bern